Laurent Grenier

Ottawa , 2024

Bonne lecture !

LA VIE REVISITÉE

Une perspective multidisciplinaire sur le but de l'existence

Laurent Grenier

Essai philosophique

Soledit

Couverture par Andy Magee (Reedsy)

https://www.laurentgrenier.net
laurentgrenier1957@gmail.com
ISBN : 979-8-89686-976-4
Dépôt légal, Bibliothèque et Archives Canada, 2025

Du même auteur

A Reason for Living, autobiographical essay
NardisPress, 2004

Pour l'amour de la vie : Florilège, morceaux choisis
Éditions Philettres, 2006

*Meditation Time:
Know Yourself and the World Around You*
Philosophical essay, NardisPress, 2019

À mon neveu et à ma nièce,
Arnaud et Juliette Grenier,
avec toute mon affection

Remerciements

Je tiens à témoigner ma gratitude à mon frère Pierre et à ma tante Claire Lagacé, qui m'accompagnent dans mes réflexions depuis des années, ainsi qu'à mes amis et relations – classés en ordre alphabétique – Santiago S. Borboa, Anne-Julie Boucher, Pierre Bourque, Geneviève Cloutier, Ayoub Diab, Jacques Dufresne, Clovis Fauquembergue, Gabriel Fohom, Sylvie Hurtubise, Patrick Imbert, Matteo Locatelli, Alexandre Michaud, Pierre Nepveu, Abbad E. A. Othmane, Claude Soucie et Armel Tsague. Tous ont bien voulu lire mon manuscrit et me donner leur avis, riche de connaissances linguistiques, philosophiques et scientifiques étendues et diversifiées.

Table des matières

Introduction

« J'avance l'idée suivante, surtout que rien ne m'incite à penser l'inverse : la réalité (en sa qualité d'être qui s'impose à l'esprit à travers l'expérience) se suffit parfaitement à elle-même et alterne sans cesse, au cours de son déploiement, entre le mode latent et le mode manifeste. »

Je vous prie de considérer mon propos non pas comme un point d'arrivée, manière de dernier mot qui prétend faire autorité, mais comme un point de départ vers une réflexion personnelle et originale. À chacun son voyage et sa destination dans le vaste paysage des idées possibles.

Dans cet esprit, je vous propose huit chapitres où j'expose ma vision du monde. Libre à vous de déterminer si elle vous semble juste ou non, étant donné votre façon particulière de concevoir les choses.

Cette vision du monde possède un caractère multidisciplinaire et synthétique, au carrefour de la philosophie et de la science, que j'estime aussi opportun qu'il est périlleux. Pourquoi opportun ? Parce qu'à l'époque actuelle où la connaissance humaine est parvenue à un niveau élevé de spécialisation dans tous les domaines, on a tôt fait de se perdre dans les détails au point d'être privé de toute perspective d'ensemble, quand l'idéal serait de pouvoir rapporter l'image ramifiée et touffue de la réalité à une pensée instruite et unifiée, comme un tronc à partir duquel tout prend un sens.

On comprendra néanmoins que sous prétexte de ne retenir que l'essentiel, un tel effort de simplification soit périlleux, puisqu'il risque toujours de s'engager complaisamment dans des raccourcis simplistes qui ne mènent nulle part, si ce n'est un songe agréable mais creux, sans pertinence véritable. Je crois cependant avoir évité cet écueil, qui mènerait à un naufrage plutôt qu'à une découverte.

Notez que j'ai emprunté la voie philosophique alors que j'étais aux prises avec une crise existentielle qui bouleversait complètement le sens que je donnais à ma vie. Un accident de plongeon – accompagné d'une grave lésion médullaire – avait réduit l'athlète adolescent que j'étais en jeune quadriplégique, désormais inapte à réaliser ses rêves. Autrement dit, je suis un autodidacte pour qui la philosophie était au départ un remède contre le sentiment d'absurdité et son corollaire morbide : un désespoir potentiellement suicidaire. Cela contraste avec un universitaire diplômé, surtout motivé par une profonde curiosité intellectuelle.

Notez également que mon parcours informel, en marge des universités, compte près de 40 ans que j'ai consacrés avant tout à la méditation et à l'étude, sans parler de l'écriture. La bibliographie à la fin du présent essai rend hommage aux auteurs qui ont été mes sources principales d'information et d'inspiration. Ces auteurs constituent, en un mot, mon cadre culturel. J'invite quiconque désire situer ma pensée dans ce cadre à consulter ma bibliographie, d'autant plus que je n'use d'aucune citation au cours de mon exposé pour en alléger le style.

Cet exposé part du principe que tout problème de signification du monde implique un problème d'acquisition du savoir. Or, ne nous en déplaise, nos moyens cognitifs – qui fixent les possibilités et les limites de cette acquisition – sont faillibles, bien que suffisamment capables d'efficacité adaptative pour nous permettre de vivre. Dès lors, je donne volontiers au réel le bénéfice du doute lorsqu'il paraît déficient, parce que dans ce cas je soupçonne fortement la manière dont on le conçoit de mériter un bonnet d'âne.

De même, j'avance l'idée suivante, surtout que rien ne m'incite à penser l'inverse : la réalité (en sa qualité d'être qui s'impose à l'esprit à travers l'expérience) se suffit parfaitement à elle-même et alterne sans cesse, au cours de son déploiement, entre le mode latent et le mode manifeste. Le passé cède sa place au présent, qui cède sa place à l'avenir, mais ce premier comme ce dernier sont toujours des présents dont l'un n'est plus et l'autre pas encore. Pourquoi en est-il ainsi ? Parce que c'est comme ça, voilà tout. Explication circulaire, certes, qui révèle le mystère d'une évidence ontologique inexplicable, d'un devenir éternel dont l'existence est autant une interrogation qu'une affirmation.

Se chargerait-on d'augmenter ce semblant d'explication à force de lois méthodiquement vérifiées, celles-ci auraient toujours en dernière analyse une valeur plus descriptive qu'explicative, qu'on le veuille ou non.

Certains préféreront se réclamer d'une cause divine comme fondement de la causalité universelle, en croyant qu'elle est susceptible de satisfaire leur gourmandise intellectuelle.

Ce type de raisonnement ne promet, selon moi, qu'une régression à l'infini parfaitement stérile ou une régression unique – qui interrompt le raisonnement après l'avoir amorcé – totalement arbitraire.

C'est dire que notre façon de répondre à une question dépend de notre façon de la poser. Nous pouvons subtiliser toujours davantage, mais il arrive un moment où cette subtilité revient à ergoter fastidieusement. J'ai d'ailleurs plus d'une fois senti ce dérapage à propos de la démarche analytique. Un cheveu coupé en quatre reste un cheveu.

En somme, j'ai beau retourner mon esprit dans tous les sens, je ne trouve nulle part de justification pour un supplément de réalité que d'aucuns appellent Dieu. Je n'ai pas l'arrogance de croire que je détiens la vérité sur cette question, au-delà de tout doute raisonnable, mais honnêtement, je ne vois pas pourquoi la réalité ne contiendrait pas en elle-même le pouvoir d'être ce qu'elle est, dans toute sa magnificence, qui à la fois nous émerveille et nous effraie.

Permettez-moi de recourir à une image : le philosophe qui édifie un système, pour rendre compte de ce qui existe, ressemble à un entrepreneur. On l'amène sur un terrain et on lui dit : « Bâtissez-moi une maison habitable qui tire parti de l'espace prévu à cet effet ». Et voilà que cet entrepreneur fait étrangement comme si cet espace n'avait que la moitié de sa superficie et bâtit une maison étroite à la base qui nécessite, pour être habitable, un niveau supplémentaire en plus du rez-de-chaussée et du sous-sol.

Ma réaction : « Les choses auraient pu être tellement plus simples en exploitant au maximum l'espace disponible, qui permettait à la maison de se borner à un sous-sol et un rez-de-chaussée. Mais non, vous avez trouvé le moyen de me compliquer inutilement la vie avec un escalier de trop ! »

Là encore, certains en me lisant resteront sur leur appétit et voudront se nourrir d'un surcroît divin de réalité, comme si le monde laissé à lui-même était grossièrement lacunaire, une sorte d'attardé complètement inapte à lacer ses propres chaussures, pardonnez-moi l'expression. Il s'avère que je ne partage pas ce préjugé réductionniste où l'on recherche d'autant plus une richesse transcendante qu'on entretient une image terriblement appauvrie du réel.

Cela dit, ceux qui sont imbus d'inspiration religieuse découvriront, je crois, contre toute attente, que leur pensée et la mienne ont beaucoup en commun. Il n'empêche qu'elles ne manqueront pas de différer sur certains points. Or, le feu qui éclaira nos ancêtres humains n'a-t-il pas surgi d'une friction entre deux matières, montrant par là indirectement que l'esprit gagne en clarté lorsqu'il est exposé à une contrainte ?

Enfin, retenez simplement que j'ai souci de partager avec vous le fruit de ma quête de sens, qui a été dans mon cas extrêmement salutaire et qui, j'ose l'espérer, vous sera profitable dans une mesure appréciable.

Les menaces existentielles

« Le spectre d'un avenir potentiellement sinistre, proche ou lointain... est par définition incertain et donc ne légitime aucunement une réaction fataliste et défaitiste, par opposition à constructive et préventive dans la mesure du possible. »

L'histoire de l'humanité abonde en périodes calamiteuses qui ont fait des milliers, voire des millions de victimes, avec dans leurs sillons des prophéties de fin du monde. Épidémies, séismes, inondations, tornades, éruptions volcaniques, famines, guerres défensives ou de conquête, esclavages et autres formes d'exploitation de l'homme par l'homme, soulèvements populaires, à la fois libérateurs et meurtriers, fanatismes politiques ou religieux, coupables de répressions et de persécutions, et que sais-je encore ; il y a de quoi pâlir d'horreur.

Ce sinistre inventaire trouve néanmoins son contrepoids dans un nombre égal de périodes réparatrices qui ont apporté quelque consolation. Autant de crises résorbées, si provisoirement et imparfaitement le soient-elles. Immunités collectives, reconstructions et rétablissements des services essentiels, rebondissements économiques, traités de paix, émancipations des esclaves, réformes des conditions de travail et justices distributives par voie de taxation, libertés de culte et d'expression ; ce sont là quelques exemples. Comme quoi l'humanité a du ressort.

Cela dit, l'optimisme que cette conclusion rétrospective semble justifier prend du plomb dans l'aile cependant que certains aspects de notre époque s'imposent à notre esprit comme particulièrement menaçants, selon un ordre de grandeur radicalement nouveau.

Jamais auparavant l'humanité n'a pris des proportions aussi gigantesques, comparées aux dimensions de la planète et de ses ressources disponibles ; de même que jamais auparavant elle n'a disposé de capacités technologiques – sur le plan militaire et civil – aussi colossales, suscitant autant d'inquiétude que d'espoir.

Au XVIIe et au XVIIIe siècles, la révolution scientifique et industrielle donnait des raisons de croire à cette réjouissante perspective : une domination totale de la nature au service de nos intérêts et une croissance économique à l'infini, capables d'engendrer globalement des conditions de vie que d'aucuns au Moyen Âge et même à la Renaissance auraient qualifiées d'utopiques. Aujourd'hui, ces raisons nous semblent de folles imaginations.

Quelles sont donc les menaces qui ont tempéré nos attentes, souvent au point de nous faire craindre le pire, soit un effondrement écologique, économique, politique et humain qui condamne l'ensemble de notre espèce à une misère sans précédent ou signe son arrêt de mort ?

Nous pouvons d'abord compter le risque d'une guerre particulièrement perverse ou d'une attaque terroriste qui ferait usage d'armes nucléaires, chimiques ou biologiques aux conséquences dévastatrices. Nous pouvons également compter le risque de pandémies répétées et de leurs variantes ou de catastrophes naturelles en séries, liées à notre mode cancéreux d'existence, terriblement envahissant et non seulement dommageable pour l'environnement, mais aussi pour nous qui en dépendons pour survivre.

D'ailleurs, le recours exagérément répandu et souvent malavisé aux antibiotiques a occasionné des résistances de plus en plus intraitables, si bien que l'avenir a des chances de ressembler au passé où une simple égratignure pouvait s'infecter et devenir mortelle. Enfin, il faut compter la possibilité de répercussions imprévues et néfastes en ce qui concerne le développement de l'intelligence artificielle et de la robotique, ainsi que leur intégration dans notre vie de tous les jours, voire dans notre organisme. Certains scénarios futuristes vont jusqu'à imaginer une situation cauchemardesque où cette double technologie serait une sorte de monstre – évoquant la créature de Frankenstein – qui finit par entraîner la mort de son maître.

Que penser de tout cela ? Serait-il, par exemple, sensé de se laisser glisser dans un désenchantement nihiliste, accompagné d'un renoncement ascétique aux choses de la vie en attendant les cavaliers de l'apocalypse, comme si le spectre d'un avenir potentiellement sinistre justifiait une pareille attitude de mort-vivant ? La réponse est non.

Un potentiel n'est pas une manifestation assurée, mais une issue parmi d'autres avec un quotient plus ou moins grand de probabilité. Il est par définition incertain et donc ne légitime aucunement une réaction fataliste et défaitiste, par opposition à constructive et préventive dans la mesure du possible. Nous aurons une éternité pour faire le mort quand tout sera vraiment sens dessus dessous et que la terre prendra la place de l'air dans nos narines. D'ici là, nous sommes tenus de fournir un effort quotidien pour mettre de l'ordre dans nos idées et nos affaires, et ainsi nous montrer dignes de la vie qui nous anime encore.

Le corps et l'esprit humains

« Si le tronc du corps et sa nature vivante déterminent l'objectif de notre existence, la tête, les bras et les jambes sont nos moyens d'atteindre cet objectif, sorte d'outillage mental et physique adapté à la protection et à la promotion de la vie. »

Commençons par recenser les éléments constitutifs de notre nature vivante et humaine, qui est la modalité de notre présence sensible et rationnelle dans le monde.

Le tronc : Partie du corps qui contient les organes, notamment le cœur et les poumons, l'estomac, précédé de l'œsophage et suivi de l'intestin, le foie et le pancréas, la rate, les reins et la vessie, et l'appareil reproducteur. Tous sont reliés, d'une manière ou d'une autre, aux systèmes circulatoire, nerveux et glandulaire, sans oublier le squelette, les muscles, le tissu conjonctif et la peau, qui sont la charpente flexible et mobile du corps, et son enveloppe protectrice. Les systèmes nerveux et glandulaire, quant à eux, ont une fonction régulatrice.

Notons, du reste, que la moelle osseuse – en tandem avec la rate – produit les globules rouges du sang, chargés du transport de l'oxygène et du gaz carbonique, depuis les poumons jusqu'aux cellules dans le premier cas et inversement dans le second. Elle produit également les globules blancs, acteurs principaux du système immunitaire qui nous défendent contre tout agent pathogène (bactéries, virus ou autres intrus), et les plaquettes, qui précipitent la coagulation du sang dans l'éventualité d'une hémorragie.

Autre détail digne de mention, le système circulatoire – où le cœur et la musculature des jambes tiennent lieu de pompes – est chargé du transport des nutriments utiles de l'alimentation (macronutriments : glucides, lipides et protides, et micronutriments : minéraux et vitamines) depuis le système digestif jusqu'aux cellules. De façon complémentaire, il est chargé du transport des déchets métaboliques depuis les cellules jusqu'au foie (où l'ammoniac, par exemple, est converti en urée), puis aux reins et à la vessie, dans le but de les excréter. Enfin, l'intestin avec l'aide de l'estomac, du foie et du pancréas s'occupe de digérer et d'absorber les nutriments, en plus d'éliminer à lui seul les déchets digestifs, dont les fibres de cellulose, qui ne sont pas digestibles.

Collectivement et synergiquement, les organes contribuent au maintien de la vie, que ce soit pour l'individu ou pour l'espèce (sur la base de l'information génétique – contenue dans le noyau des cellules – et par voie de reproduction sexuée). Ce maintien est de nature homéostatique et suppose un ensemble vital de constantes physiologiques. En outre, il suppose un état d'équilibre dynamique qui nécessite un apport et une dépense d'énergie, plus une consommation et une élimination de matière.

Plus précisément, l'apport d'énergie et la consommation de matière signifient une aspiration d'air (source d'oxygène) et une ingestion d'eau (qui constitue environ 65 % du corps humain), de même qu'une absorption de glucides, de lipides et de protides, de minéraux et de vitamines. La dépense d'énergie et l'élimination de matière, quant à elles, signifient une activité vitale diversifiée (par exemple régénératrice, reproductive, musculaire ou cérébrale) et une expiration ou excrétion des déchets métaboliques ou digestifs : gaz carbonique, urine et fèces.

Précision supplémentaire, les glucides, les lipides et les protides participent à la synthèse de l'adénosine triphosphate – molécule énergétique qui, au niveau cellulaire, sert de carburant pour toutes les formes d'activité vitale. Cette synthèse implique l'oxygène et certains micronutriments (exemples : vitamine B1 et magnésium) dans les réactions aérobiques d'oxydoréduction qui ont cours dans le cycle de Krebs, quoiqu'elle puisse aussi se produire d'une façon anaérobique – en l'absence d'oxygène – au cours de la glycolyse et de la fermentation lactique, lorsqu'il s'agit exclusivement des glucides.

Pour ce qui est des protides, des lipides et des glucides qui n'ont pas été mobilisés dans le métabolisme énergétique, ils font office de matériaux pour la synthèse de multiples substances. Celles-ci comprennent le collagène, filament élastique de la peau, et l'actine, filament contractile des muscles, ou les phospholipides et les protéines transporteuses, qui composent et contrôlent les membranes cellulaires, ou encore les nucléotides, les enzymes, les anticorps, les neurotransmetteurs et les hormones, qui ont une fonction génétique, catalytique, immunitaire ou régulatrice essentielle à l'organisme.

La tête, les bras et les jambes : nous abordons ici le système nerveux central, incluant le cerveau, qui est grossièrement (et un peu anachroniquement) divisible en trois parties principales, à savoir le néocortex, le système limbique – dont l'amygdale (à ne pas confondre avec l'organe lymphoïde situé dans le pharynx), l'hippocampe et l'hypothalamus – et le système reptilien, qui comporte le cervelet et le tronc cérébral. Ce dernier se prolonge, aux niveaux cervical, thoracique, lombaire et sacral, dans la moelle épinière, située dans le canal médullaire de la colonne vertébrale. La moelle épinière, en retour, se rattache aux arborescences du système nerveux périphérique, comme un tronc à la ramure d'un arbre. Elle garantit avec ce système connexe une communication bidirectionnelle entre le cerveau et les composantes articulées du corps, soit les membres supérieurs (les bras) et inférieurs (les jambes).

Si le tronc du corps et sa nature vivante déterminent l'objectif de notre existence, la tête, les bras et les jambes sont nos moyens d'atteindre cet objectif, sorte d'outillage mental et physique adapté à la protection et à la promotion de la vie. Il n'en demeure pas moins que cette nature admet la possibilité d'un égarement ludique ou d'un dérèglement morbide lorsque la perspective du plaisir ou celle de la souffrance polarise notre attention au point de compromettre notre survie.

Voyons plus en détail notre outillage mental, qui dirige notre outillage physique ou ses capacités de préhension, de manipulation et de locomotion. À la base du cerveau et dans le prolongement de la moelle épinière, le tronc cérébral est un carrefour nerveux où circule l'ensemble ascendant ou descendant des informations sensitives et motrices en provenance du corps vers le reste du cerveau et vice versa. C'est une structure primitive qui régit plusieurs mécanismes involontaires comme la force et la fréquence des contractions cardiaques et le rythme respiratoire, ou le hoquet, le vomissement et la toux.

Situé derrière le tronc cérébral, le cervelet assure mécaniquement notre équilibre et notre tonus musculaire. C'est dire qu'il constitue le point d'appui de tous nos mouvements volontaires, attribuables au néocortex (ce dernier néanmoins agit conjointement avec le système limbique, impliqué dans nos réactions émotives les plus spontanées). C'est dire également que le cervelet représente un trait d'union entre la part mécanique et la part volontaire du cerveau. À ce titre, il n'est pas sans rappeler le corps calleux, qui joint les deux hémisphères cérébraux – l'un et l'autre responsables de fonctions sensorielles, affectives, cognitives et motrices complémentaires – et leur permet de fonctionner d'une manière intégrée.

Or, rien dans le cerveau ne mérite autant le qualificatif *humain* que le néocortex, puisque c'est là que prend forme notre concept d'identité en relation avec le monde –

concept fluide à l'image de la vie elle-même, au confluent de la sensibilité, de la mémoire, de la pensée et de l'imaginaire, qui s'articulent autour du langage. Non pas que le reste du cerveau soit moins important (le néocortex ne peut davantage s'en passer qu'un capitaine de vaisseau ne peut se dispenser des services de son équipage pour mener à bien la navigation à travers un océan parfois tumultueux), mais cette partie hautement évoluée de l'ensemble cérébral, qui est la condition de notre éveil à la réalité d'être, offre l'avantage de se prêter à un effort de développement et d'épanouissement personnel.

Question de mieux caractériser notre conscience, tournons-nous vers une métaphore familière, qui relève de l'informatique : l'ordinateur. Ainsi, notre perception mentale du monde et notre réaction émotionnelle et comportementale à celui-ci, en un mot notre attitude, résultent d'un traitement particulier des informations brutes qui proviennent de notre appareil sensoriel. Ce traitement dépend d'une série d'instructions qui déterminent comment chaque chose est classée et jugée, ou quelle place elle occupe dans un espace de signification et de valeur.

Ce système interprétatif fait donc figure de logiciel dont nous sommes les programmeurs, souvent sans réfléchir à cette responsabilité intellectuelle, qui est aussi une liberté de pensée, nonobstant les limites de notre patrimoine génétique et de notre héritage culturel. En somme, notre attitude se distingue de notre cerveau, tout comme un logiciel – rédigé dans un code source – se distingue du matériel informatique – monté sur des circuits imprimés – qu'il contrôle conformément à son programme. Le cerveau est inné ; l'attitude est acquise.

Quelle est alors la manière la plus avantageuse de façonner cette attitude, ce qui revient à faire en sorte qu'elle suscite en nous de la joie de vivre ? D'abord, par une vigilance quotidienne à l'égard de notre situation, il importe d'en dresser un bilan fidèle qui révèle avec courage et lucidité sa nature particulière, plus contraignante que libératrice ou inversement. Enfin, en toute sagesse, il convient de garder à l'esprit que cette nature ne prend de sens que par rapport à nos attentes, liées à notre projet de vie. Par conséquent, mieux nous sommes adaptés à notre situation ou savons aligner nos désirs sur les occasions de bonheur qu'elle renferme, et cela à l'intérieur des limites qu'elle nous impose, plus elle nous paraît favorable plutôt que dé-favorable.

Ainsi, tout est une question d'adaptation, comme dans l'art de la voile où l'apparence d'un vent contraire se transfigure en l'apparence d'un vent propice dès lors que nous ajustons l'angle de notre voile d'une façon adéquate. Cet ajustement approprié à la direction du vent est semblable à une attitude adaptée à notre situation.

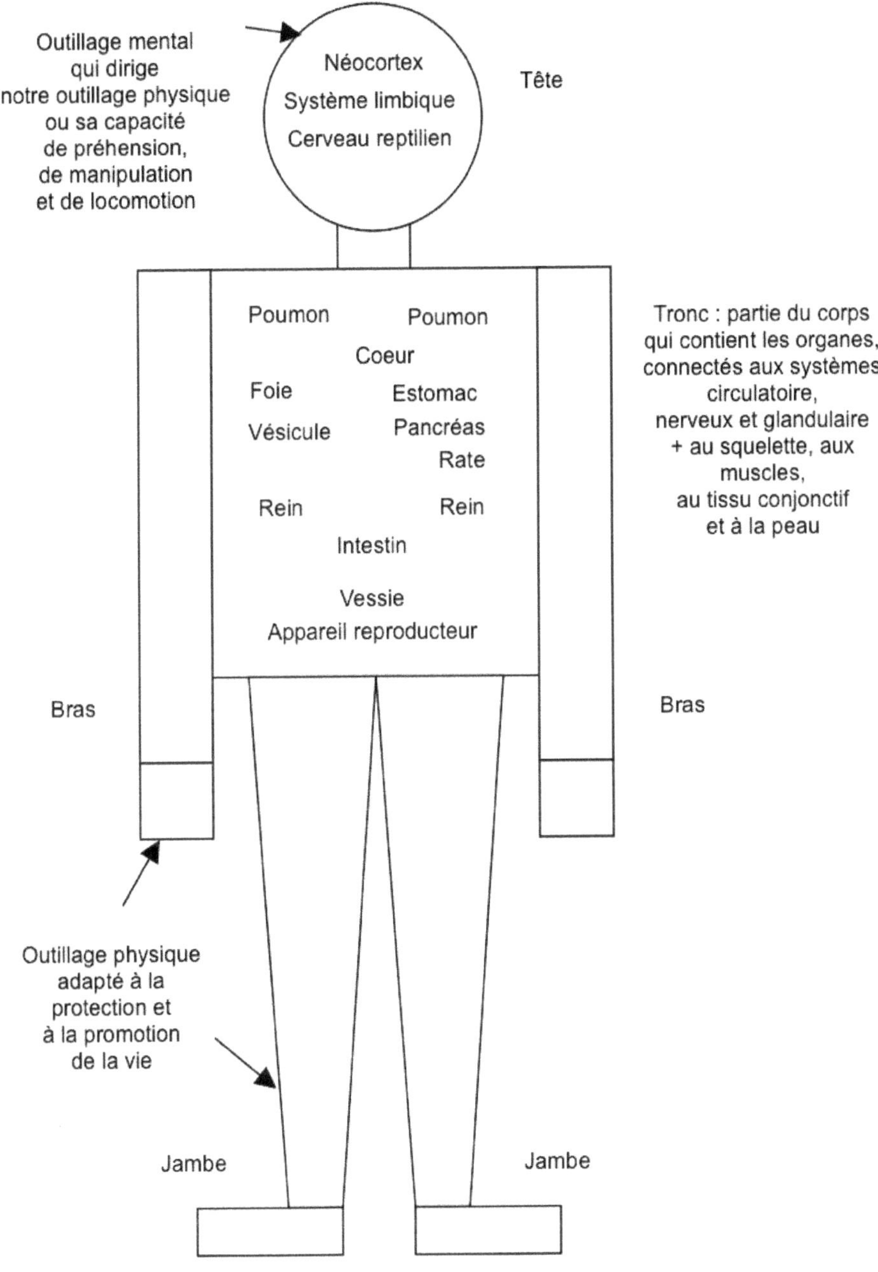

Outillage mental
qui dirige
notre outillage physique
ou sa capacité
de préhension,
de manipulation
et de locomotion

Néocortex
Système limbique
Cerveau reptilien

Tête

Poumon
Poumon
Coeur
Foie
Estomac
Vésicule
Pancréas
Rate
Rein
Rein
Intestin
Vessie
Appareil reproducteur

Tronc : partie du corps
qui contient les organes,
connectés aux systèmes
circulatoire,
nerveux et glandulaire
+ au squelette, aux
muscles,
au tissu conjonctif
et à la peau

Bras
Bras

Outillage physique
adapté à la
protection et
à la promotion
de la vie

Jambe
Jambe

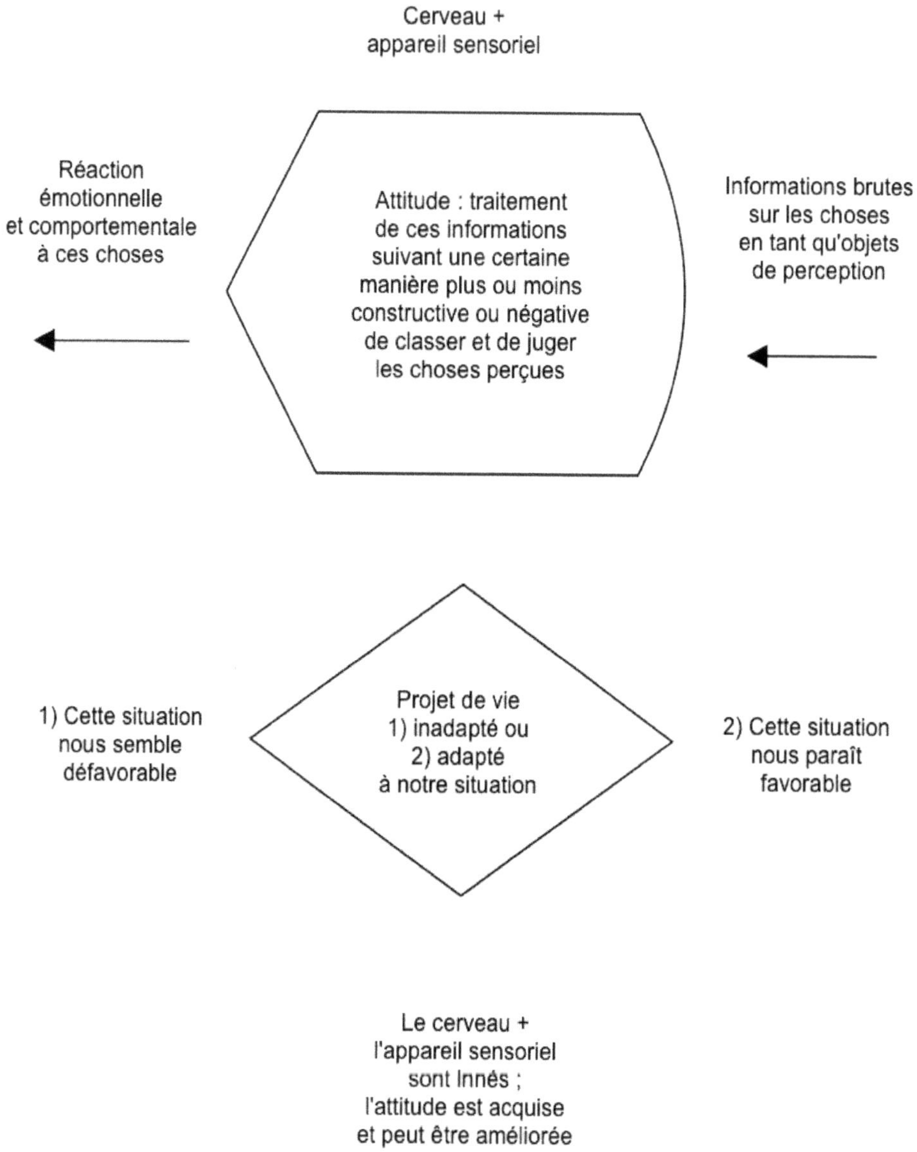

Cerveau +
appareil sensoriel

Réaction
émotionnelle
et comportementale
à ces choses

Attitude : traitement
de ces informations
suivant une certaine
manière plus ou moins
constructive ou négative
de classer et de juger
les choses perçues

Informations brutes
sur les choses
en tant qu'objets
de perception

1) Cette situation
nous semble
défavorable

Projet de vie
1) inadapté ou
2) adapté
à notre situation

2) Cette situation
nous paraît
favorable

Le cerveau +
l'appareil sensoriel
sont Innés ;
l'attitude est acquise
et peut être améliorée

La vie dans son principe

« La vie est une unité complexe qui intègre d'une manière intrinsèque la fin qu'elle poursuit et les moyens qu'elle emploie pour atteindre cette fin (stabilité dynamique dans un rapport de dépendance et de conflit avec son milieu, à la fois nourricier et prédateur). »

Afin de saisir la vie dans son principe, comme entité dynamique et relationnelle, penchons-nous à présent sur deux métaphores moins familières mais pertinentes, empruntées à la thermodynamique : la machine à vapeur et le système dissipatif.

La machine à vapeur fut, à partir du XVIIIe siècle, le moteur de la révolution industrielle, en raison de sa capacité à transformer l'énergie thermique de la vapeur d'eau en énergie mécanique, pour effectuer un travail. Les parallèles entre le fonctionnement de la machine à vapeur et celui de l'organisme humain – l'un et l'autre décrits d'une manière très schématique – sont multiples et frappants.

D'un côté, on a un foyer alimenté au charbon à travers une ouverture. Au bas du foyer se trouve une grille qui permet aux cendres – résidus de la combustion (oxydation) du charbon exposé à l'oxygène de l'air – de s'accumuler dans un cendrier pour être ensuite évacuées. En plus de ce déchet, il faut compter le dioxyde de carbone sous forme de fumée qui s'échappe par une cheminée.

Le foyer a pour rôle de chauffer l'eau contenue dans une chaudière jusqu'à ébullition, ce qui produit de la vapeur maintenue sous pression (énergie thermique = énergie cinétique des molécules d'eau à l'état gazeux) dans un dôme surplombant. Cette vapeur est ensuite acheminée dans un cylindre pour faire bouger un piston (énergie mécanique avec expulsion de vapeur, permettant au piston de retourner à sa position initiale d'une manière cyclique), lequel est raccordé à une roue – via un assortiment de bielles et de tiges – aux fins de locomotion.

D'un autre côté, et parallèlement, on a un système organique à quatre volets : respiratoire, circulatoire, digestif et urinaire. Par diverses voies, nasale, buccale, rectale ou urétrale, ce système consomme de l'oxygène (puisé dans l'air ambiant et impliqué dans les processus métaboliques d'oxydoréduction), de l'eau et des aliments (dotés d'éléments nutritifs qui sont digérés et assimilés en cours de métabolisation), puis élimine les déchets résiduels : dioxyde de carbone, fèces et urine.

Le métabolisme cellulaire produit notamment de l'énergie (sous forme biochimique : l'adénosine triphosphate) que les cellules, assemblées en tissus, peuvent utiliser pour accomplir un effort cérébral (électrique) ou musculaire (mécanique), en vue de promouvoir nos intérêts vitaux.

Quant au système dissipatif (qui dissipe un excédent thermique), il fut au XXe siècle un sujet d'observation et de théorisation qui révolutionna notre conception de la matière vivante et de sa genèse. Il constitue pour l'essentiel un phénomène ouvert qu'une source externe de chaleur maintient loin de l'équilibre.

À titre d'exemple, citons les cellules de convection, chacune évoquant une cellule vivante entourée d'une membrane. D'abord, on pose un liquide visqueux, contenu dans une marmite, sur une plaque chauffante. Avant que la température de cette plaque ne soit augmentée, celle du liquide est homogène et identique à la température ambiante.

Autrement dit, le liquide est au repos, conformément au second principe de la thermodynamique : tout système physique laissé à lui-même tend naturellement et irréversiblement vers une entropie maximale (maxentropie), soit un équilibre thermodynamique allant de pair avec une homogénéité de ses fonctions d'état macroscopiques, comme sa température et sa pression.

Sur le plan microscopique, cette homogénéité correspond à une distribution relativement uniforme et désorganisée des éléments de ce système, qui fluctuent aléatoirement autour d'une moyenne statistique. Cette fluctuation est proportionnelle à l'énergie interne du système (énergie intrinsèque de ses éléments et de leurs interactions, qui est diffuse et inutilisable sous la forme d'un travail orienté). Quant à cette distribution, elle suppose un degré de liberté extrême qui exclut la possibilité d'une organisation spontanée et durable, à moins d'une contrainte extérieure introduisant une différence de potentiel thermodynamique.

De même, dans la théorie de l'information, qui concerne un système de signes, l'entropie maximale (maxentropie) est un indice de liberté ouverte à toutes les possibilités d'expression et de communication, auquel cas ce système est réduit à un désordre qui signifie n'importe quoi, ce qui équivaut à rien. Le mot *information* est ici considéré alternativement dans son sens mathématique de calcul probabiliste en termes de bits – unités binaires de quantité informatique, notées 0 et 1 – et dans son sens ordinaire de contenu spécifique et intelligible, qui se distingue du charabia, confus et indéchiffrable. Bref, la maxentropie est synonyme d'indétermination.

Après avoir posé sur une plaque chauffante le liquide visqueux contenu dans une marmite, on augmente la température de cette plaque. L'équilibre est alors rompu et ce liquide transitionne de son état de repos à un régime dissipatif, où la chaleur absorbée parcourt le liquide de bas en haut par un mouvement linéaire de conduction thermique.

Enfin, on augmente davantage la température de la plaque chauffante, sans pour autant dépasser la mesure et provoquer des turbulences aux irrégularités chaotiques. Cette fois, le liquide bifurque depuis un régime dissipatif plutôt banal vers un autre qui s'en distingue de façon remarquable par l'apparition de cellules de convection dont la forme ordonnée, dynamique et stable s'apparente à celle des cellules vivantes.

Plus précisément, les molécules du liquide proches de la plaque se dispersent, sous l'effet de la chaleur, créant par le fait même un gradient de densité entre elles et celles du dessus, qui se trouvent à l'écart de cette plaque et s'avèrent donc moins chaudes et plus compactes. Résultat : les unes montent par flottabilité, au contraire des autres qui descendent par gravité, produisant ainsi un mouvement circulaire de convection, capable de dissiper la chaleur absorbée.

Cette bifurcation est hautement significative, en cela qu'elle présage le développement évolutif responsable du passage de l'inerte au vivant. Parlons ici d'un changement de registre où la source externe de chaleur – qui perturbait le liquide au repos – prend un sens nouveau et constructif, dès lors que ce liquide l'exploite pour atteindre et maintenir un mode animé d'existence qui intègre cette source dans sa structure, de nature relationnelle et dépendante. Il n'en va pas autrement du processus adaptatif d'un organisme vivant, tel un lierre qui, plongé dans l'ombre par un mur, transforme cet obstacle en appui pour se hisser à un niveau supérieur d'exposition au soleil.

Or, dans l'histoire du monde, ce processus peut intervenir d'une manière moins flexible. L'organisme alors ne se plie pas aux circonstances, parce que celles-ci sont inchangeables, mais plutôt il les infléchit dans le sens de ses désirs, si au contraire ces circonstances sont changeables. C'est le cas d'un animal qui parvient à éliminer un obstacle.

Brossons un tableau sommaire et conjectural des origines de la vie. Le but est de faire ressortir le génie du processus adaptatif susmentionné et envisagé comme modèle de toutes les adaptations réelles ou imaginables en cours d'évolution.

Il y a presque 4 milliards d'années, selon les premiers fossiles d'organismes unicellulaires, la vie est apparue sur Terre à la faveur de circonstances qui paradoxalement semblent hostiles à première vue. En effet, à cette époque reculée, la Terre était un vaste océan parsemé de régions émergées et soumis à des facteurs d'instabilité : rayonnement solaire – comprenant un rythme diurne suivi d'un rythme nocturne – et chaleur émanant des cheminées hydrothermales de volcans immergés, avec différence de pH entre le jet d'eau chaude, alcalin, et l'eau froide de l'océan, acide, qui représentait une source d'activité chimique, plus énergie électrique issue d'orages violents traversés de foudres.

Tout cela contrariait la tendance universelle vers l'équilibre (au sens de maxentropie) et le désordre, qui supposent une absence de contraintes perturbatrices et un degré de liberté extrême. Je souligne, toutefois, que l'ordre dynamique – produit loin de l'équilibre comme réponse adaptative à des contraintes perturbatrices qui font problème et nécessitent un travail de résolution – est toujours accompagné d'une production de désordre. Cette antinomie est une caractéristique du vivant, mais aussi des systèmes dissipatifs qui ont évolué graduellement du non-vivant au vivant. Elle apparaît clairement dans les deux aspects opposés et complémentaires du métabolisme cellulaire : l'anabolisme, qui construit, et le catabolisme, qui déconstruit.

La question est maintenant de déterminer quelle forme a prise originellement la réponse adaptative que je viens d'évoquer. Pour ce faire, il importe de signaler la contribution de l'océan à cette réponse, puisque l'eau est un solvant qui favorise les interactions entre les éléments chimiques qu'elle dissout. Il importe aussi de signaler la contribution des météorites qui ont percuté la Terre et l'ont enrichie d'éléments chimiques élémentaires ou complexes, comme les atomes de carbone, d'hydrogène, d'azote et de phosphore, ou les molécules d'ammoniac et de méthane, auxquelles s'ajoutaient peut-être des molécules organiques, synthétisées dans l'espace interstellaire, telles que les protides et les glucides.

En tout état de cause, l'océan de cette époque reculée contenait des substances indispensables à l'émergence de la vie, sous l'apparence d'abord très primitive d'une proto-cellule qui comprenait vraisemblablement trois volets :

1. des lipides capables de s'assembler en membrane fermée sur elle-même. Ces lipides formaient ainsi une petite vésicule qui pouvait non seulement croître et se diviser, mais aussi abriter d'autres molécules organiques, notamment…

2. des nucléotides (incluant une part de glucides : les riboses) capables de s'assembler en chaînes de formes diverses. Ils pouvaient alors remplir une fonction cata-lytique comme les protides enzymatiques, mais à un moindre degré, ou pouvaient se reproduire et varier par mutations, en plus de fournir une matrice pour engendrer…

3. des protides, qui constituaient un métabolisme rudi-mentaire. Pour cela, ils devaient posséder des vertus catalytiques stimulant la fragmentation catabolique de composés énergétiques ou la formation anabolique de composés structurels ou fonctionnels.

En somme, la protocellule consistait en un ensemble dynamique et synergique de composantes organiques ayant la propriété d'émerger spontanément dans un milieu riche en énergie et en matière exploitables. Cet ensemble avait en outre la propriété de retenir l'information inscrite dans sa propre structure. C'est dire qu'il était capable d'auto-organisation et de sélection interne appliquées à la création et à la rétention d'une gamme particulière de caractéristiques, qui témoignaient d'un certain coefficient d'efficacité dans l'exploitation des ressources disponibles pour se perpétuer et se multiplier.

Ce coefficient variable d'efficacité entre protocellules rivales marquait un tournant à l'aube de la vie, puisqu'il donnait prise au mécanisme de la sélection naturelle, dans le cadre de l'évolution. Suivit une complexité croissante, de plus en plus performante, étalée sur des centaines de millions d'années, bien que cette voie royale – qui déboucha sur l'être humain – ait été empruntée d'une manière très inégale par les différentes lignées rivalisant pour accéder au trône. Pourquoi en fut-il ainsi ? Suffit-il d'alléguer que l'évolution reposait sur un éventail de circonstances tout aussi inégales, quant aux pressions de sélection et aux capacités évolutives ?

Quoi qu'il en soit, la vie est une unité complexe qui intègre d'une manière intrinsèque la fin qu'elle poursuit et les moyens qu'elle emploie pour atteindre cette fin (stabilité dynamique dans un rapport de dépendance et de conflit avec son milieu, à la fois nourricier et prédateur). C'est ce qui rend fallacieuse la comparaison entre elle et un produit de la technologie humaine, par exemple un avion, dont l'invention par un ingénieur et la fabrication dans une usine, ainsi que l'utilité comme méthode de transport, sont au contraire extrinsèques. Bref, l'avion ne se crée pas lui-même et ne détermine pas son but.

1)

Machine à vapeur

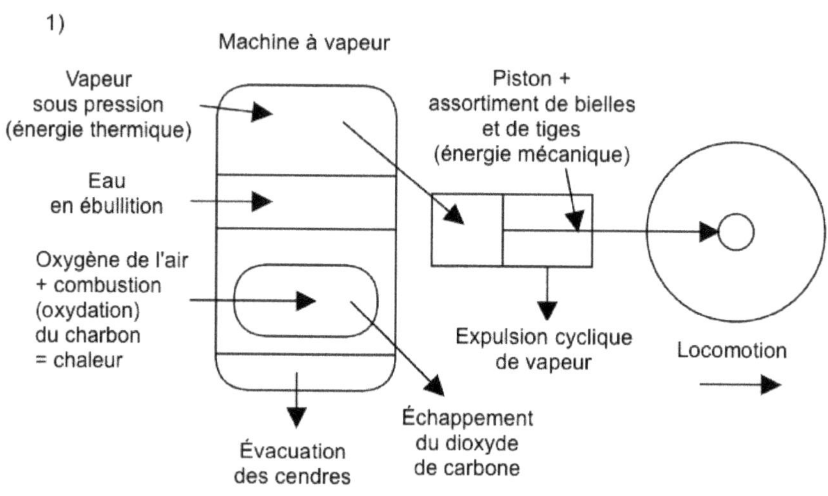

2)

Organisme humain

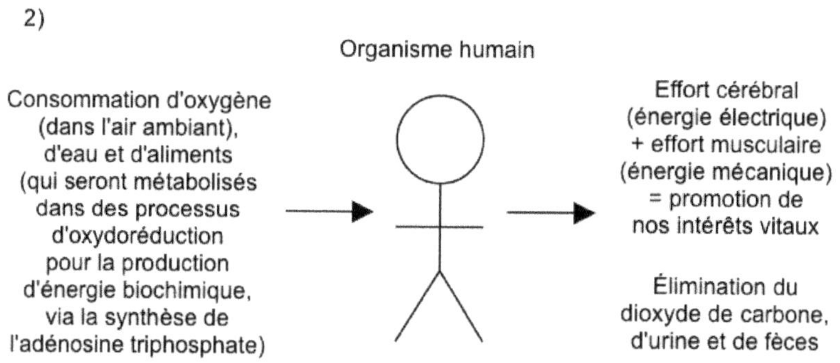

3)

Cellules de convection

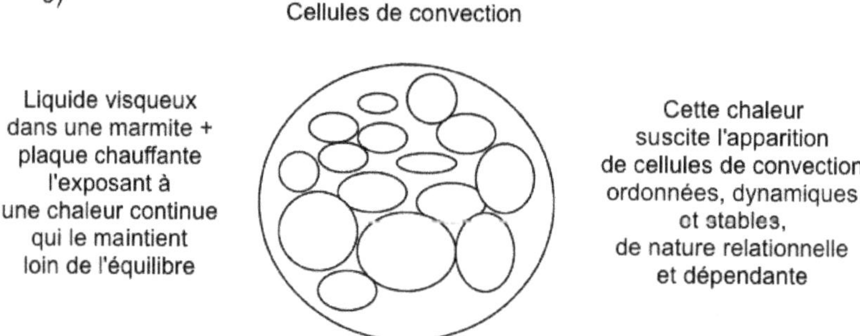

La nature universelle

« *L'unité essentielle de la nature humaine, en tant que forme évoluée de vie animale, implique nécessairement l'unité fondamentale de la nature universelle, en tant que force générative qui se manifeste évolutivement.* »

Récapitulons, en situant l'être humain dans le prolongement évolutif de la vie, qui est une expression singulière de la nature universelle, loin de l'équilibre (maxentropie). À vrai dire, la vie exprime cette nature d'une manière si remarquablement innovante et appropriée – compte tenu des sources de perturbation qui définissent les conditions de son émergence et remettent en cause l'idéal passif d'un calme plat, à l'issue d'un nivellement thermodynamique – qu'il serait raisonnable de la qualifier de géniale.

De fait, plutôt que d'entretenir un régime dissipatif franchement banal et chroniquement déficitaire, en proportion d'un surcroît de contraintes perturbatrices qui repoussent l'éventualité d'un équilibre « statique » aux calendes grecques, la nature universelle s'oriente vers un équilibre dynamique où ces contraintes sont mises à profit en tant que source nourricière et prennent ainsi un sens libérateur.

Par *équilibre dynamique*, il faut entendre un processus fluctuant et autorégulateur, de nature homéostatique, aux antipodes d'un état uniforme et invariable, de nature maxentropique, qui en comparaison est « statique », malgré des fluctuations microscopiques aléatoires.

Pareillement, l'être humain fait preuve de génie adaptatif quand, au lieu de s'entêter dans une voie condamnée qui n'offre aucun espoir, en se répétant bêtement qu'il suffit d'insister, il évalue ses options et emprunte une nouvelle voie qui cette fois convient à la situation et promet pour cette raison d'être féconde.

Il importe néanmoins de mettre en relief ce détail clé : le surcroît de contraintes perturbatrices entourant les circonstances terrestres du vivant occupe une place de choix dans notre Système solaire entre Charybde et Scylla, dont l'un est trop éloigné et l'autre, trop proche du soleil, soit un froid paralysant et une chaleur écrasante qui réduiraient l'expression de la nature universelle à un silence de mort.

Qu'en est-il du reste de l'univers et des milliards de galaxies qu'il contient, y compris la Voie lactée où brillent notre soleil et des milliards d'autres étoiles autour desquelles gravitent nombre de planètes et de leurs satellites ? La vie a-t-elle pu ou pourra-t-elle un jour émerger ailleurs que sur Terre, dans cet univers trop vaste pour que nous puissions réellement imaginer sa taille ? Il semble que ce soit probable à des millions d'exemplaires, même si jusqu'à présent nul signe concluant de vie extraterrestre n'a excité les radiotélescopes et les sondes spatiales des exobiologistes.

Que retenir de tout cela ? Peut-être cette idée directrice fera-t-elle l'affaire : la nature universelle se satisfait volontiers d'une tranquillité béate ne réclamant de sa part aucune initiative ordonnée qui lui coûterait un effort. Autrement dit, elle est dominée par le second principe de la thermodynamique, qui tend déplorablement vers une entropie maximale (maxentropie) : un équilibre mort, homogène et immuable, comme une ligne plate au moniteur cardiaque, si ce n'est une agitation diffuse à l'échelle microscopique.

Seule une force extérieure peut sortir la nature universelle de sa torpeur, à condition qu'elle perturbe suffisamment son assiette pour la contraindre à réagir et déployer son génie dans le sens néguentropique d'une structure animée dont l'équilibre précaire est toujours à refaire. L'évolution, qui inclut une multitude de paliers évolutifs et d'actualisations émergentes, est l'histoire rocambolesque d'un tel déploiement.

Deux questions maintenant se posent. Qu'est-ce qui justifie la locution *nature universelle*, comme s'il s'agissait d'une chose une et indivisible à proprement parler, et qu'est-ce qui explique le fait que la nature universelle peut entrer en conflit avec elle-même, en admettant qu'elle soit effectivement une et indivisible ?

La première question en soulève une autre, qui lui est intimement liée : est-il justifiable de parler d'une nature humaine à propos des nombreux caractères distinctifs que possède chaque personne ? Plus précisément, chacun de nous pris individuellement est-il une simple accumulation de ces caractères, sans cohésion ni cohérence, ou est-il davantage que la somme de ses parties, un tout intégré qui fonctionne en qualité d'unité vitale et pensante, si complexe qu'il soit et si déchiré qu'il puisse être entre les divers aspects, parfois contradictoires, de cette complexité ? Un exercice attentif d'observation et d'introspection me dispose à tenir pour vrai le second terme de cette alternative.

Qui plus est, il me convainc déductivement de l'unité fondamentale de la nature universelle, bien que celle-ci apparaisse sous une forme multiple, voire disparate. Pourquoi ? Parce que, d'une part, l'être humain réunit tous les éléments du monde dans une unité fonctionnelle de corps et d'esprit, et parce que, d'autre part, l'idée d'une pluralité de forces discordantes, sans direction d'ensemble, qui seraient néanmoins capables de converger vers une telle unité, est complètement absurde.

Toutefois, je concède que cette direction d'ensemble est d'abord morcelée, aveugle et tâtonnante avant d'adopter, au fil des découvertes, des manières d'être appropriées à ses attracteurs naturels, conditionnés par les circonstances.

Bref, l'unité essentielle de la nature humaine, en tant que forme évoluée de vie animale, implique nécessairement l'unité fondamentale de la nature universelle, en tant que force générative qui se manifeste évolutivement.

Toujours est-il que la nature universelle apparaît sous une forme multiple, voire disparate, où les rapports entre les choses peuvent être tantôt harmonieux, tantôt conflictuels. Là encore, pourquoi ? Pour répondre à cette question, je propose de revenir aux origines de l'univers, qui correspondent au Big Bang. On part alors de 1, ou du premier degré d'actualisation de la créativité potentielle inhérente à la nature universelle (degré assimilable à un plasma : mélange vaporeux de quarks et d'antiquarks qui existe à une température extrêmement élevée), puis remonte à 0, qui est ici l'absence d'actualisation de cette créativité, ainsi réduite à rien.

Or, il va de soi que ce rien n'est pas rien au sens fort de néant absolu, puisqu'il inclut la possibilité de tout avant le début de sa manifestation. Ce début marque l'apparition de l'espace et du temps, laquelle prélude à l'expansion cosmique, à la formation des galaxies et à l'évolution terrestre.

La nature universelle admet donc deux ordres de réalité distincts et complémentaires, l'un défini relativement à l'autre et vice versa : 1) l'ordre potentiel, qui est latent, à savoir qu'il attend une occasion favorable de se manifester ; il évoque une graine – enfouie dans la terre – qui échappe au regard ; et 2) l'ordre actuel (notre référentiel empirique), qui est manifeste à la faveur de cette occasion ; il évoque une plante qui pousse au grand jour. De fait, ces deux ordres sont indissociables. Une chose ne peut être potentielle sans avoir le pouvoir de s'actualiser dans des conditions propices à cette actualisation, tout comme une chose actuelle présuppose le potentiel de l'être au moment opportun.

Dans le cours évolutif des choses, l'ordre potentiel et l'ordre actuel alternent sans cesse. Le passé s'efface toujours derrière le présent et le présent, derrière l'avenir à mesure que le temps passe et suivant une logique (si ceci, alors cela) propre à la nature universelle. À la limite, ce cours évolutif inclut le passage de l'ordre potentiel à l'ordre actuel, à l'instant critique d'un commencement du monde, ou le passage inverse de l'ordre actuel à l'ordre potentiel, à l'instant critique d'une fin du monde. Ce commencement et cette fin sont d'ailleurs relatifs dans l'hypothèse d'un cycle où l'un et l'autre se succèdent à perpétuité.

À l'instant critique d'un commencement du monde, on passe d'une absence d'actualisation de la créativité universelle à un début d'actualisation de cette créativité, comme si une totale absence d'acte appelait nécessairement un acte de présence qui serait qualifiable d'impulsion créatrice. À moins que l'univers n'obéisse en effet à un principe dialectique de va-et-vient entre les extrêmes, de sorte que le commencement et la fin, l'inerte et le vivant, la naissance et la mort alternent indéfiniment. Dans ce cas, l'activité et le repos seraient les deux temps passagers d'un cycle perpétuel.

Cela dit, revenons à l'instant critique d'un commencement du monde pour en clarifier le sens. Il s'agirait d'une division de l'unité originelle en une multitude de fragments couplés aux polarités opposées : 0 donne un couple infinitésimal +1 -1, multiplié par un nombre astronomique et indéfini x – formule réversible dans l'hypothèse d'une éventuelle fin du monde.

Cette division fait écho à ce que décrit la physique quand elle parle de vide quantique ou de champ énergétique dont émergent des paires de particules élémentaires : entités ponctuelles dotées d'unité matérielle, les unes chargées positivement et les autres, négativement.

Il est question en quelque sorte d'une mise en jeu de la matière, ouverte à toutes les réalisations possibles dans le cadre spatiotemporel – possibilités conformes à la nature universelle encline à l'inertie, mais aussi capable de dynamisme dans un déploiement créateur au génie stupéfiant.

Or, depuis les atomes, en passant par les molécules et les cellules, jusqu'aux organismes multicellulaires, dont les humains sont des représentants évolués de réputation douteuse, tous à la fois souffrent et jouissent de leur appartenance à l'univers multiple, cependant qu'ils manifestent la nature universelle localement et fugitivement, tantôt en harmonie, tantôt en conflit avec les autres entités locales et fugitives. Voilà notre lot que nous aurions tout avantage à accepter sereinement.

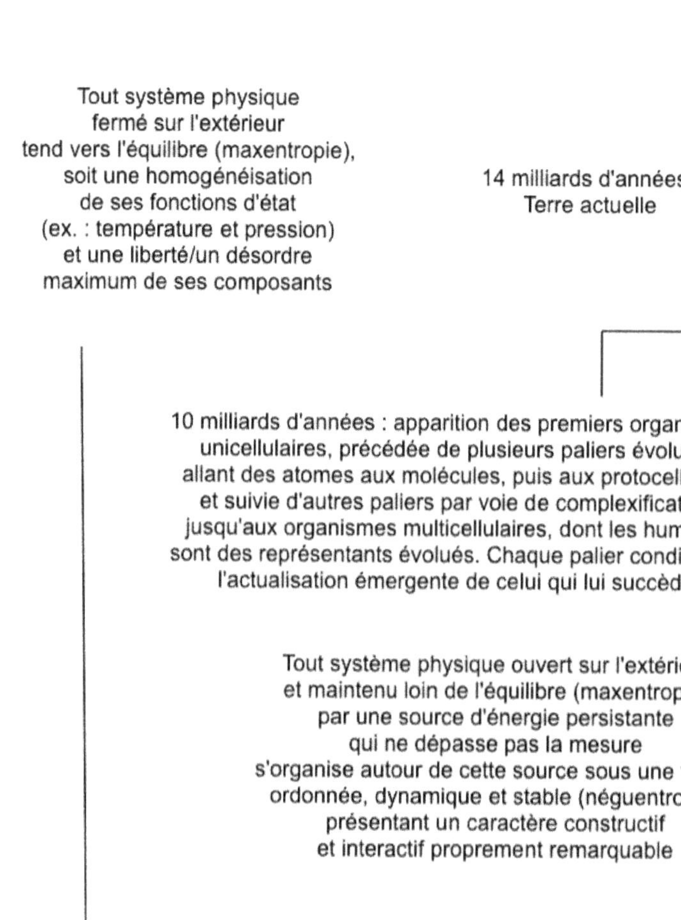

Tout système physique
fermé sur l'extérieur
tend vers l'équilibre (maxentropie),
soit une homogénéisation
de ses fonctions d'état
(ex. : température et pression)
et une liberté/un désordre
maximum de ses composants

14 milliards d'années :
Terre actuelle

10 milliards d'années : apparition des premiers organismes
unicellulaires, précédée de plusieurs paliers évolutifs
allant des atomes aux molécules, puis aux protocellules,
et suivie d'autres paliers par voie de complexification
jusqu'aux organismes multicellulaires, dont les humains
sont des représentants évolués. Chaque palier conditionne
l'actualisation émergente de celui qui lui succède

Tout système physique ouvert sur l'extérieur
et maintenu loin de l'équilibre (maxentropie)
par une source d'énergie persistante
qui ne dépasse pas la mesure
s'organise autour de cette source sous une forme
ordonnée, dynamique et stable (néguentropie)
présentant un caractère constructif
et interactif proprement remarquable

Premier degré d'actualisation de la créativité universelle :
état plasma de quarks et d'antiquarks,
suivi d'une expansion cosmique, de la formation des galaxies
et de l'évolution terrestre, incluant une succession
de paliers évolutifs et d'actualisations émergentes

Commencement du monde
= impulsion créatrice
= +1 -1, multiplié
par un nombre astronomique
de ces fragments couplés
aux polarités opposées.
Big Bang

Vide = 0
= absence d'actualisation
de la créativité universelle

Le déterminisme souple

« *Le caractère probabiliste de [la nature universelle] trahirait non seulement un problème de mesure, mais aussi – et plus essentiellement – un fait de nature.* »

Qui dit nature universelle dit déterminisme. Il reste alors à découvrir dans quel sens ce terme doit être compris. Déterminisme strict, du genre musique classique où l'on suit fidèlement une ligne mélodique sans prendre de liberté, ou déterminisme souple, du type jazz d'improvisation, où l'on s'inspire vaguement d'une mélodie dont on éprouve à l'extrême la tolérance harmonique ? Question vouée à l'incertitude, puisque le savoir est limité et donc inapte à l'épuiser.

Par conséquent, toute indétermination est susceptible de deux interprétations divergentes, sans qu'il soit possible de trancher d'une façon catégorique. La première donne à croire que l'indétermination résulte d'une mesure incomplète, opposant l'ignorance à la connaissance ; la seconde donne à penser que cette indétermination trahit une nature mixte, qui allie le hasard et la nécessité. Pour ma part, je penche vers cette seconde interprétation.

Voici un exercice mental qui rend celle-ci intuitivement compréhensible et rationnellement défendable.

Un jour de congé chaud et ensoleillé, vous flânez au centre-ville parce que rien n'est pressant, quand tout à coup la vue d'un magasin de fruits et légumes, particulièrement réputé pour son contrôle de qualité, vous incite à y pénétrer. Vous venez de manger un sandwich au fromage pour le lunch et l'envie vous a pris de compléter ce repas frugal avec une pomme Gala, variété pour laquelle vous avez une préférence marquée.

Ainsi êtes-vous planté devant un étalage de pommes appartenant à cette variété, avec la ferme intention d'en acheter une. Mais voilà le hic, toutes les pommes de l'étalage sont appétissantes au même degré, si bien que vous balancez sans pouvoir vous décider quant à celle que vous allez choisir.

Soudain, un autre client paraît s'impatienter de votre indécision, d'autant que vous bloquez – d'une manière restreinte qu'il trouve néanmoins inopportune – son libre accès à cet étalage. Vous passez donc à l'acte et empoignez au hasard n'importe laquelle des pommes devant vous, puisqu'elles se valent toutes indifféremment. Votre choix est alors le produit d'une interruption de votre balancement initial sous l'effet d'une pression extérieure qui vous contraint de saisir promptement une de ces pommes.

Évidemment, si vous aviez été laissé à vous-même, c'est votre propre impatience, issue de votre for intérieur, qui aurait exercé cette pression contraignante. Quoi qu'il en soit, dans un cas comme dans l'autre, le résultat est identique : choix arrêté d'acheter une pomme parmi un ensemble de pommes d'une qualité égale + indécision quant à celle que vous allez choisir + pression extérieure ou intérieure = précipitation d'un choix aléatoire dans un champ déterminé de choses équivalentes.

Par contraste avec le choix arrêté d'acheter une pomme quand il n'en reste qu'une sur l'étalage, dans des conditions regrettables de pénurie, le scénario préalable revêt un caractère providentiellement riche. Bref, le déterminisme strict est l'enfant pauvre du déterminisme souple, qui se prête à un calcul probabiliste. Si l'un n'offre aucune marge de liberté et se réduit à une ligne droite entre un point de départ et un point d'arrivée, l'autre au contraire offre une telle marge comme si cette ligne droite s'ouvrait en éventail, avec une amplitude proportionnelle à la diversité des voies disponibles entre ces deux points.

Un facteur central de liberté, qui multiplie les options dont on dispose dans le cadre d'un objectif donné (par exemple, gagner sa vie, se divertir ou entretenir avec quelqu'un une relation amicale ou amoureuse), est l'adaptabilité, soit la capacité de s'accommoder de circonstances diverses avec un égal bonheur. Cette adaptabilité suppose une distinction éclairée entre ses habitudes de pensée et de comportement – auxquelles on aurait tort de s'identifier avec obstination – et sa vraie identité humaine, supérieurement adaptable : capable d'acquérir de nouvelles habitudes qui sont plus appropriées à sa situation et en tirent donc un meilleur parti.

D'ailleurs, rien ne singularise autant l'espèce humaine – par opposition aux espèces animales dominées par des instincts rigides, génétiquement programmés, qui les rendent plus vulnérables face au changement – que sa plasticité cérébrale. Grâce à elle, quiconque peut modifier sa façon de voir et de faire les choses suivant les variations de ses circonstances ou pour le plaisir de la variété. D'un point de vue cognitif, ces circonstances peuvent être décrites comme une source d'informations qui s'accordent ou non avec ses opinions et ses intérêts, ou s'avèrent indifférentes.

En guise d'exemples représentatifs de l'adaptabilité humaine, je propose les deux cas suivants, dont le premier se rapproche intimement de mon expérience personnelle :

1. Marié et père de deux enfants, un jeune athlète professionnel est impliqué dans un terrible accident de voiture. Il perd sa main gauche et ses deux jambes à partir des genoux, alors qu'il entamait une carrière de footballeur enviable et prometteuse. Le processus de guérison et de réadaptation lui paraît d'autant plus pénible et interminable que l'issue éventuelle de ce processus n'ouvre à ses yeux aucune perspective d'un avenir heureux. Il tombe en grave dépression et développe une forte dépendance à l'alcool, si bien ou plutôt si mal que sa femme le quitte et obtient la garde des enfants. Qui pis est, son humeur achève de se gâter et il perd son droit de visite, jusqu'à nouvel ordre.

Toutefois, après quelques années de ce calvaire, il se dégoûte de sa tendance malsaine à s'apitoyer sur lui-même, tendance qui le relègue à un rôle stérile et navrant de victime impuissante. Il renonce à ses lamentations et surmonte son alcoolisme, en faveur d'une quête de sens d'abord tâtonnante et incertaine, mais qui finalement aboutit à un art de vivre qui le dispose à faire contre mauvaise fortune bon cœur.

Il ne s'attarde plus à déplorer l'impossibilité de retourner à la vie athlétique et familiale qu'il aimait et s'attache plutôt à cultiver ses capacités réflexives qu'il avait auparavant négligées, mais qui aujourd'hui sont l'espace émancipateur d'un épanouissement moral.

Il écrit son autobiographie, qu'un éditeur accepte de publier, et obtient un certain succès. Ainsi devient-il un modèle pour ceux qui traversent une épreuve affligeante et aspirent à retrouver leur joie de vivre. Enfin, pour couronner le tout, même si entretemps sa femme s'est remariée, il regagne son droit de visite, et voilà qu'un jour ses enfants lui confient, dans un moment attendrissant où il ne peut contenir ses larmes : « On est fiers de toi, papa. »

2. D'un côté, en vue d'expliquer l'univers, envisagé comme Création tirée miraculeusement du néant, le christianisme offre l'image d'un Créateur bienveillant, omniscient et omnipotent qui transcende cette Création, sorte de Père dans les cieux dont les humains sont les enfants et qui, par le biais de sa grâce divine, intervient parfois dans leurs affaires terrestres.

D'un autre côté, toujours en vue d'expliquer l'univers, envisagé cette fois comme issu spontanément du vide qui le contient virtuellement, la science avance l'hypothèse d'une nature universelle, immanente à l'univers, qui ne possède aucune sagesse infuse et procède à tâtons, par essais et erreurs, pendant des milliards d'années d'évolution. C'est dans cette foulée que serait apparue l'espèce humaine, dotée exceptionnellement des moyens de savoir en quoi consiste cette nature.

La perspective chrétienne explique en effet l'univers, mais à grand renfort de justifications évasives ou alambiquées que l'on multiplie au besoin pour parer une sérieuse remise en cause. Elle semble pour cette raison plutôt douteuse, même si en dernière analyse elle est aussi impossible à réfuter d'une manière décisive qu'elle est impossible à confirmer d'une façon concluante.

La perspective scientifique colle aux faits en se fiant aux apparences, dont on ne suppose pas qu'elles cachent un mystère insondable afin d'entretenir la croyance en un pouvoir surnaturel. Elle se réclame d'un critère de simplicité et d'élégance qui n'est pas néanmoins une garantie de vérité.

En somme, l'univers admet un nombre indéterminé d'explications concurrentes (dont les deux que je viens d'exposer succinctement) où l'esprit balance ou prend position par un arrêt de la pensée qui n'est jamais exempt d'une part d'arbitraire, conformément à une sensibilité culturelle particulière.

Il existe, en outre, pour toute personne, une liberté d'action où il ne s'agit plus de sa flexibilité adaptative face à la difficulté de tirer un bon parti de circonstances changeantes. Il est alors question de souplesse fonctionnelle dans toutes ses occupations, en raison d'une marge de flottement qui laisse place à des variations contingentes dans les limites d'une efficacité requise. Celle-ci tient au fait qu'on ambitionne toujours de réussir les tâches que l'on entreprend.

La marge de flottement augmente ou diminue selon l'imprécision ou la précision de ces tâches. Elle évoque le tracé sinueux, de plus ou moins grande amplitude, d'une modulation sonore autour de l'axe horizontal d'un plan cartésien, axe qui représente ici une nécessité fonctionnelle doublée d'une tolérance relative. Cette tolérance, au demeurant, constitue un atout d'une valeur indéniable, à l'image des amortisseurs d'une voiture qui maintiennent sa stabilité et protègent la sécurité des passagers en absorbant les secousses occasionnées par une route cahoteuse.

Il convient maintenant de retourner au scénario où vous étiez déterminé à acheter une pomme Gala parmi celles qui figuraient dans un étalage et présentaient une qualité uniforme. Cette uniformité vous conduisait à une absence de prédilection pour telle ou telle pomme. Résultat : votre achat d'une pomme Gala procédait en même temps d'une détermination (désir ferme d'en acheter une) et d'une indétermination (n'importe laquelle faisait l'affaire).

Cette fois, imaginez cet autre scénario : un groupe d'individus – dont le nombre est identique à celui des pommes Gala offertes aux clients et sujettes à un contrôle de qualité irréprochable – décident collectivement d'acheter des pommes de cette variété, de sorte que chacun en obtienne une. Quelle pomme finira dans les mains de chacun est un problème jugé sans conséquence, puisque ce contrôle garantit une qualité irréprochable, quelle que soit la pomme sélectionnée.

C'est là que les choses prennent une tournure particulièrement intéressante. D'une part, chaque individu qui appartient au groupe obtient aléatoirement une pomme Gala parmi celles qui sont disponibles. D'autre part, le groupe pris dans son ensemble achète la totalité des pommes en question, comme si cet achat excluait toute contingence. Autrement dit, vous avez dans le premier cas un déterminisme souple, qui comporte un élément de hasard, et dans le second, l'apparence d'un déterminisme strict, qui semble impliquer une nécessité sans mélange. Cette apparence révèle sa nature illusoire sitôt que vous adoptez la perspective de l'individu, plutôt que celle du groupe.

On retrouve un phénomène similaire en mécanique quantique, suivant une interprétation fondamentalement probabiliste de celle-ci. À l'intérieur d'un champ circonscrit à une gamme de possibilités statistiques (au-delà duquel l'improbable fait loi), la répartition spatiale des éléments d'un système quantique – qui définit l'état de ce système – est indéterminée avant l'intervention d'un observateur et de son instrument de mesure. Il faut cette intervention pour précipiter une réduction aléatoire du système à une de ces possibilités, ce qu'on appelle communément « la réduction du paquet d'ondes ».

Toujours dans le cadre d'une telle interprétation, d'autres hypothèses existent. On peut par exemple supposer que, dans le cours naturel des choses, cette réduction s'opère sous la contrainte d'un principe d'exclusion qui exige l'actualisation d'un des états quantiques possibles, ce qui revient à interdire la simultanéité de tous ces états. Autrement, on s'enivre d'un multivers composé de mondes parallèles, à la ressemblance d'un mousseux où tous les états quantiques possibles sont actualisés sous la forme de bulles isolées les unes des autres.

Personnellement, je ne bois pas de cet alcool, à moins de le transformer d'une manière peu orthodoxe. Le cas échéant, l'univers virtuel – qui renferme l'ensemble innombrable des possibilités créatrices inhérentes à la nature universelle – correspond à une infinité de réalités occultes qui existent parallèlement à l'univers manifeste et peuvent, à la limite, interférer avec lui imperceptiblement.

À mon sens, le caractère fondamentalement probabiliste de cette nature serait apparent au niveau microscopique d'observation, alors que le niveau macroscopique (où règne la loi des grands nombres) donnerait l'illusion d'un déterminisme strict. Bref, ce caractère trahirait non seulement un problème de mesure, mais aussi – et plus essentiellement – un fait de nature.

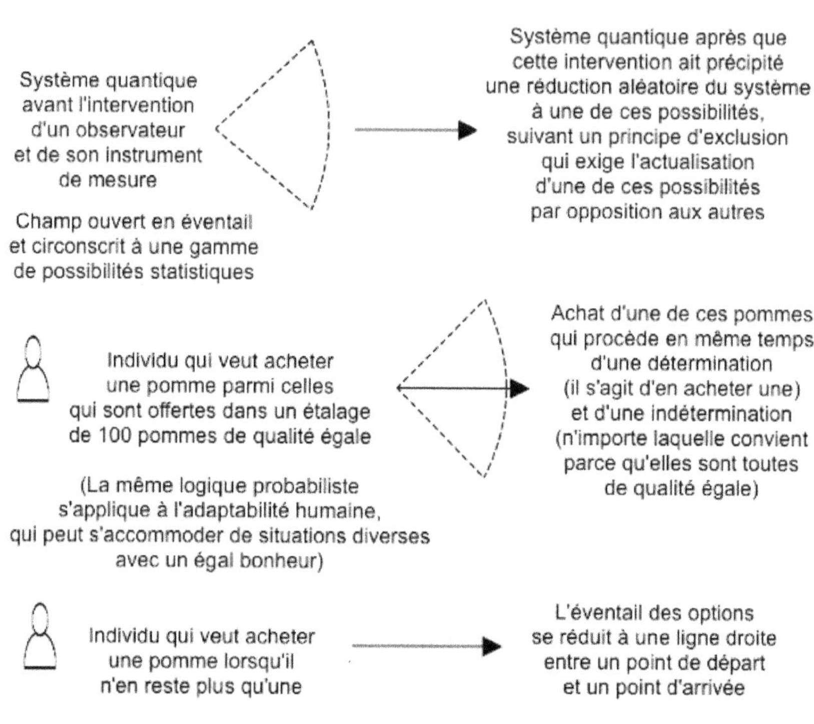

Le déterminisme strict est l'enfant pauvre du déterminisme souple, qui se prête à un calcul probabiliste

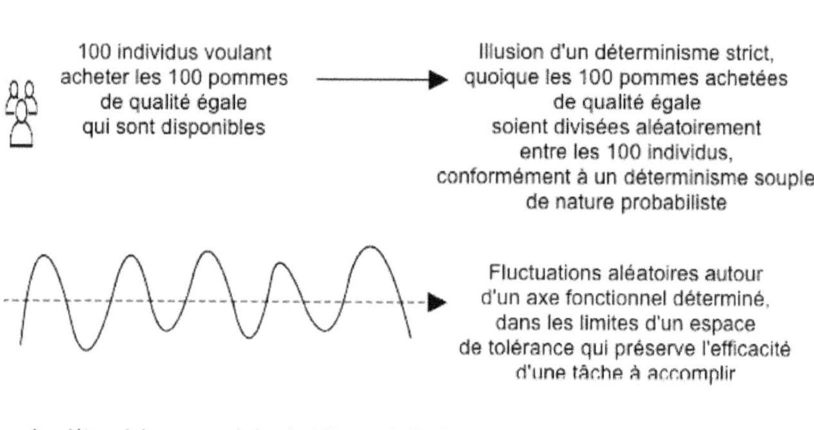

Le déterminisme souple/probabilisme de l'univers résulte non seulement d'un problème de mesure, mais aussi d'un fait de nature

Le panpsychisme

« L'esprit et la matière sont alors conciliés de sorte qu'ils représentent le signifié et le signifiant d'un logos. Je fais ici allusion au langage de la réalité qui exprime la manière dont les choses se forment ou se transforment. »

Le contraste entre problème de mesure et fait de nature nous amène à distinguer deux catégories opposées et complémentaires de la pensée, l'une épistémologique (relative aux conditions du savoir) et l'autre ontologique (relative à la nature du réel, qui est l'objet du savoir). Dans quelle proportion ce savoir exprime-t-il cette nature ? Cette question est condamnée à demeurer ouverte, puisque le premier terme de la comparaison (la réalité en tant qu'elle apparaît à notre conscience) est connaissable, tandis que le second (la réalité en tant qu'elle est, indépendamment de notre conscience, advenant que nous prenions cette abstraction au sérieux dans une perspective réaliste) est inconnaissable.

Or, l'efficacité de nos comportements vitaux et de nos démarches expérimentales (efficacité restreinte à un espace de mesure) confirme nos hypothèses sur le fonctionnement du monde. Bref, elle suppose une correspondance entre ce que nous savons et ce qui est. À cet égard, le langage de la sensibilité propre à la perception doit traduire assez fidèlement le langage de la réalité pour fournir une base crédible à la réflexion.

Que penser alors des illusions d'optique, comme celle d'une corde que l'on confond avec un serpent ? On ne peut les alléguer pour conclure à un subjectivisme radical (solipsisme), puisque leur correction repose sur des données optiques supplémentaires qui favorisent une désillusion.

Une question apparentée à la première (concernant le rapport entre le savoir et le réel) me vient à l'esprit, comme quoi une question en provoque une autre. Si le savoir, qui inclut la science comme figure de proue, dépend de l'expérience et de la réflexion, et donc de la conscience, qu'est-ce qui explique le rôle central de cette dimension subjective de l'existence humaine, dont j'estime qu'elle peut être objective jusqu'à un certain point ?

Avant de répondre à cette question, il importe de souligner que depuis le XVIIe siècle, la science est dans l'esprit de la révolution scientifique, qui correspond d'abord à l'adoption de l'héliocentrisme (en opposition avec le géocentrisme), ainsi qu'à la découverte de la gravitation universelle, de la sélection naturelle et de la transmission héréditaire. Elle concentre son attention sur l'expérience de la réalité extérieure, à partir de laquelle on peut développer sa sensibilité à l'aspect physique des choses, plutôt que sur l'expérience de la réalité intérieure, à partir de laquelle on peut développer sa sensibilité à l'aspect moral des choses. Ainsi, la conscience – qui se distingue de l'activité cérébrale dont témoigne l'imagerie fonctionnelle du cerveau par résonance magnétique – échappe intégralement à son emprise.

Je ne parle donc pas ici des « sciences humaines et sociales » ou « sciences molles », hors des courants behavioristes, dont le statut scientifique est souvent remis en cause par les adeptes de la science proprement dite, telle que définie plus haut.

Évidemment, pour conférer à sa discipline une apparence d'exhaustivité, un scientifique peut prétendre que la conscience est une illusion. L'inconvénient toutefois est que cette solution de facilité cache une énorme difficulté. Car on ne peut prétendre que la conscience est une illusion sans du même coup affirmer que la science – qui dépend de la conscience à travers l'expérience et la réflexion – est illusoire, ce qui équivaut à se tirer une balle dans le pied.

Conclusion : le réductionnisme matérialiste – qui à l'en croire fait l'économie de l'esprit, alors qu'il dépense allègrement le capital sensoriel et intellectuel de celui-ci – ne tient pas la route. D'ailleurs, le réductionnisme idéaliste – qui s'assoit confortablement sur la matière en disant à qui veut bien l'entendre qu'elle n'existe pas – prend pareillement le fossé.

Nous en venons ainsi au dualisme, qui ne se résume pas forcément à un clivage ontologique où l'esprit et la matière sont absolument distincts. Nous pouvons fort bien considérer l'un et l'autre comme l'envers et l'endroit d'une même chose, auquel cas le dualisme se change en monisme – qui est assimilable au panpsychisme. L'esprit et la matière sont alors conciliés de sorte qu'ils représentent le signifié et le signifiant d'un logos. Je fais ici allusion au langage de la réalité qui exprime la manière dont les choses se forment ou se transforment (d'où le concept d'information, du verbe latin *informare :* « donner forme à » et par extension

« changer la forme de »). Cette manière est ce que le savoir cherche à traduire par des lois et des principes.

Voyons plus en détail le panpsychisme : option théorique passablement suspecte d'un point de vue épistémologique (rien n'est sûr), quoique remarquablement cohérente d'un point de vue ontologique (tout se tient). Permettez-moi de m'expliquer. La conscience – que je préfère à la notion d'esprit, dont l'abstraction trop vaporeuse prête au mysticisme le plus fantaisiste – n'est susceptible d'une vérification expérimentale que dans l'intimité de la présence à soi. En dehors de cet espace restreint et exclusif, la conscience se réduit à une conjecture.

Même le test de Turing, qui originairement visait à déterminer le minimum requis pour conclure à la nature pensante d'un interlocuteur, est insatisfaisant. Il est concevable qu'un jour l'intelligence artificielle puisse entretenir machinalement une conversation suivie avec une intelligence humaine sans qu'il soit possible de différencier l'une et l'autre. La tromperie promet alors d'être consommée.

Cela dit, tout n'est pas perdu ; nous pouvons encore compter sur un moyen de nous y retrouver. En l'absence d'une vérification expérimentale de la conscience hypothétique des êtres et des choses autour de nous, il reste une méthode d'investigation qui a des chances de nous fournir des éléments de preuve indirects. Elle consiste à procéder par voie analogique, balisée par un souci de cohérence ontologique.

Cherchons d'abord à développer l'idée de conscience dans une optique panpsychiste. Il s'agit d'étendre cette idée ponctuelle, spécifiquement humaine, à un champ d'intériorités possibles qui couvre tous les niveaux évolutifs de la réalité universelle. Ce champ serait délimité entre deux extrêmes admettant une infinité d'intermédiaires et allant d'une sensibilité primitive (expérience affective réduite à sa forme la plus élémentaire et jointe à un comportement binaire d'attraction ou de répulsion) à une conscience évoluée (expérience affective et cognitive très riche accompagnée d'un comportement proportionnellement complexe, quoiqu'elle tende à maximiser le plaisir et à minimiser la souffrance, sur le plan physique ou moral, d'une façon essentiellement manichéenne).

Je présuppose ici qu'il est possible de passer de cette sensibilité primitive à cette conscience évoluée par voie de complexification. Celle-ci va de pair avec une multiplicité de connexions et de mécanismes biologiques grâce auxquels les données de la sensibilité sont mises en relation et en mémoire (d'une manière flexible qui permet des recombinaisons créatrices), dans un vaste réseau intégré où se constituent l'identité du sujet et son expression.

À l'égard des membres de notre espèce, nous sommes autorisés à croire qu'ils disposent intérieurement d'une psychologie (états de conscience) très semblable à la nôtre dans la mesure où ils présentent extérieurement une physiologie (fonctions nerveuses, cérébrales, sensorielles et musculaires, ainsi que circulatoires, respiratoires, digestives, etc.) tout à fait comparable à la nôtre, sans parler du milieu naturel et humain qu'ils partagent avec nous.

Plus on s'éloigne de ce repère familier, en commençant par les primates et en descendant l'échelle des vertébrés (mammifères, oiseaux, poissons, reptiles et amphibiens), qui vivent dans des écosystèmes d'une grande variété, plus on doit limiter et nuancer ses attentes, tout en conservant l'hypothèse d'une conscience appliquée à des êtres différents de soi. Cette hypothèse demeure ici applicable, du fait que dans les grandes lignes et à divers degrés les vertébrés ont en commun les mêmes attributs physiologiques (qui justifient leur appartenance à un même embranchement taxonomique), dont un système nerveux central, couronné par un cerveau.

Qu'en est-il, toutefois, des espèces animales les plus primitives, comme les mollusques et les vers, autonomes ou parasitaires ? Bien qu'elles figurent parmi les organismes multicellulaires, on a peine à s'identifier avec elles, du fait qu'elles constituent des masses invertébrées et quasi informes de tissus variés – nerveux, musculaires, circulatoires, digestifs, reproducteurs et autres – extrêmement rudimentaires. Possèdent-elles une intériorité, à savoir une conscience très primitive, à l'égal de leur extériorité physique, en relation avec un habitat naturel ou un hôte biologique ?

La question devient encore plus épineuse lorsqu'on s'interroge à propos des espèces végétales, dont les arbres, les arbrisseaux, les plantes terrestres et les algues (sans compter les champignons, qui font bande à part, étant donné qu'ils sont dépourvus de capacité photosynthétique et se nourrissent par l'absorption directe de molécules organiques présentes dans leur milieu). Est-il encore sensé de parler de conscience en ce qui les concerne, même si on ramène cette conscience à une sensibilité grossière ?

Les espèces végétales diffèrent des espèces animales sur un point important, assorti à leur nature sédentaire, qui ne comporte aucun tissu nerveux ni musculaire : la nutrition, par voie de photosynthèse. Elles acquièrent ainsi l'énergie et la matière nécessaires à la production et à la reproduction de leur organisation multicellulaire (ou unicellulaire, dans le cas de certaines algues). Plus précisément, elles utilisent l'énergie solaire pour synthétiser, à partir du dioxyde de carbone, de l'eau et des sels minéraux puisés dans leur environnement immédiat, les molécules organiques qui composent leurs structures cellulaires et régissent leurs fonctions métaboliques.

Évidemment, le brouillard achève de s'épaissir lorsqu'on s'aventure encore plus loin de ses repères humains et considère les formes de vie unicellulaires du type levure ou bactérie, ou pis encore, les formes de matière qui constituent les étapes intermédiaires entre l'inerte et le vivant. Ces étapes vont des particules élémentaires, en passant par les atomes et les molécules organiques, jusqu'aux protocellules, qui précèdent l'apparition des premières cellules.

Aussi, voyons à éclaircir notre approche analogique et ontologique de sorte que nous puissions avancer l'hypothèse panpsychiste avec plus d'assurance.

Ordinairement, le cerveau sert de référence pour justifier l'hypothèse selon laquelle les vertébrés (par exemple les chimpanzés, qui sont parmi les primates nos cousins les plus proches) ont une conscience. Cela présuppose trois choses : a) le cerveau est le siège exclusif de la conscience ; b) les animaux qui en possèdent un, à l'image des humains, sont vraisemblablement conscients comme ces derniers, mais à un moindre degré, qui reflète leur statut inférieur du point de vue de leur développement cérébral ; et c) la conscience est un phénomène émergent qui apparaît tardivement au cours de l'évolution, grâce à un tel développement. Or, ces présuppositions méritent-elles vraiment de faire autorité ? Plusieurs raisons m'incitent à répondre par la négative.

Premièrement, nous ne pouvons soulever le problème de la conscience sans prendre appui sur notre expérience personnelle de la conscience humaine, laquelle a son envers : l'inconscient, au sens générique de processus psychologiques et physiologiques involontaires, donc accomplis par nous machinalement.

Beaucoup estiment que cet inconscient précède la conscience, d'un point de vue évolutif, tout comme les systèmes reptilien et limbique du cerveau sont des structures plus anciennes que le néocortex, suivant le même point de vue. La conscience serait donc le produit d'un développement ultérieur, de nature adaptative, qui concerne les êtres vivants les plus évolués.

Je pense au contraire que l'inconscient n'est pas antérieur mais postérieur à la conscience, dans le cadre d'un accroissement de la complexité cérébrale, qui d'ailleurs va dans le sens d'une évolution biologique répartissant les fonctions vitales entre une diversité de tissus spécialisés, appropriés à ces fonctions.

Imaginons un équipage qui, dans les entrailles d'un bateau, assume de façon autonome toutes les tâches essentielles au bon fonctionnement de ce bateau, quoiqu'il réponde aux ordres de son capitaine, dont le rôle est de planifier et de diriger, depuis sa cabine de pilotage, les aspects stratégiques de la navigation. Par contraste, imaginons un homme qui manie à lui seul les rames d'une chaloupe.

Le premier cas fournit l'image métaphorique et sommaire d'un organisme complexe et du rapport hiérarchique qui existe entre la conscience et l'inconscient, celui-ci faisant figure de point aveugle au regard de celle-là. Quant au second cas, il fournit l'image également métaphorique et sommaire d'un organisme simple et de sa conscience, qui ne fait aucune place à l'inconscient.

En supposant que ma brève argumentation soit dans le vrai, malgré son caractère intuitif et réducteur, plus poétique que scientifique, la conscience humaine serait la partie émergée d'un iceberg physique et cérébral, circonscrite au néocortex (en tandem avec le reste du cerveau) et douée de capacités affectives et cognitives sans précédent dans l'histoire de l'évolution. C'est là que chaque individu composerait l'idée de soi, au carrefour de sa sensibilité, de sa mémoire, de sa raison et de sa fantaisie, avec son alter ego inconscient et mécanique de l'autre côté du miroir, sorte d'étranger qui partagerait son lit à la façon d'un frère siamois.

Deuxièmement, le système nerveux constitue un vaste réseau de communication intercellulaire où la transmission de l'information porte sur l'état de l'organisme et comprend deux aspects complémentaires : 1) un influx nerveux et 2) une libération de neurotransmetteurs par les terminaisons synaptiques/effectrices des cellules nerveuses (distinctes des terminaisons dendritiques/réceptrices).

Cette libération dépend d'une entrée d'ions de calcium dans ces terminaisons, tandis que cet influx dépend des entrées et sorties d'ions de sodium et de potassium qui génèrent un courant dans les prolongements axonaux des cellules nerveuses. Celles-ci sont par ailleurs connectées à des cellules nerveuses avoisinantes, qui font partie du réseau, ou à d'autres cellules du corps, dont elles contrôlent l'action ou enregistrent la réaction. Quant à ce courant, il se définit par une alternance de dépolarisations et de repolarisations membranaires qui produisent une série ininterrompue de potentiels d'action électrochimiques.

Or, les cellules nerveuses ne sont pas les seules à pouvoir constituer un vaste réseau de communication intercellulaire. Les cellules végétales disposent comparablement de canaux ioniques grâce auxquels des ions de calcium et de potassium entrent et sortent du cytoplasme (contenu intracellulaire), provoquant des alternances de dépolarisations et de repolarisations membranaires et des potentiels d'action électrochimiques en cascades – disons succinctement un influx cellulaire, plus lent que l'influx nerveux, pouvant se répercuter de cellule en cellule. Un végétal est ainsi informé des stress environnementaux auxquels il est exposé (par exemple l'ozone, un polluant atmosphérique), ce qui lui permet d'y répondre d'une manière adaptée, conforme à ses besoins vitaux.

Outre ce système électrochimique propice à leur régulation interne, les végétaux, comme les animaux, ont un système hormonal d'effecteurs et de récepteurs chimiques qui permettent une communication intercellulaire engageant tout l'organisme. Celui-ci présente donc deux modes de fonctionnement qui se complètent l'un l'autre :

1. Le premier mode concerne l'unité biologique de l'organisme, qui le détermine à être, plus que la somme de ses parties, un tout intégré dont les parties sont en phase et font preuve d'un esprit de corps. La cohésion formelle de ce tout – sans cesse renouvelée pour compenser les processus concurrents de désagrégation – serait alors la résultante d'un champ de forces qui s'organisent d'une

manière cohérente et convergente autour d'un même axe vital. On observe un phénomène vaguement apparenté dans le cas d'un rayon laser de lumière cohérente et convergente, qui se crée par voie d'amplification et d'intégration optiques à partir d'une source chaotique et diffuse de lumière naturelle.

2. Le deuxième mode concerne la multiplicité cellulaire de l'organisme, qui détermine ses parties à avoir des interactions locales, bien que son orientation en tant que tout soit globale. Ainsi, les cellules entretiennent entre elles des rapports ne produisant un effet d'ensemble que par l'accumulation d'une myriade d'actions ponctuelles et séquentielles.

Pour illustrer ce fait, prenons la détection extracellulaire des conditions physiologiques de la soif, laquelle est envisagée par l'être humain qui l'éprouve – parce que son homéostasie est compromise – comme un problème vital qui appelle une solution comportementale.

Des récepteurs volémiques perçoivent une baisse du volume sanguin dans le système circulatoire et (côté sensitif du système nerveux) déclenchent de proche en proche une cascade ininterrompue de potentiels d'action, sur toute la longueur des fibres nerveuses qui séparent ces récepteurs de l'hypothalamus. Ce dernier, en retour, stimule la sécrétion d'une hormone qui provoque une sensation de soif. Enfin, la décision est prise d'étancher cette soif, ce qui (côté moteur du système nerveux) déclenche de proche en proche une seconde cascade ininterrompue de potentiels d'action, sur toute la longueur des fibres nerveuses qui séparent le néocortex du système musculaire des jambes et des bras, capables de locomotion, de préhension et de manipulation.

Mais revenons aux végétaux, cette fois en ce qui regarde la communication entre eux, vue dans une perspective thermodynamique. Chose remarquable qui nous éveille au caractère distinctif de tout échange d'informations entre des entités vivantes, les végétaux exploitent dans leur milieu, intérieur ou extérieur, la gamme entière des énergies utilisables (lesquelles peuvent se transformer les unes dans les autres – par exemple l'énergie rayonnante, thermique, chimique, électrique, ou mécanique), pour signifier leur présence au monde.

Les énergies utilisables sont celles dont la nature orientée se prête à l'accomplissement d'un travail. Elles accompagnent un changement d'état, à l'écart d'un équilibre « statique » (maxentropie) et vers lui, ou au contraire vers un équilibre dynamique (néguentropie) – sans cesse compromis dans son intégrité et remis sur le métier – s'il représente une solution préférentielle au problème du déséquilibre dans un environnement favorable à son maintien. Ce changement d'état fait office de signe révélateur pour toute chose ou tout être qui en perçoit la signification.

En guise d'exemples empruntés à notre expérience humaine, songeons aux impressions que suscitent en nous les diverses manifestations corporelles de nos semblables : sourcils froncés, regard interrogateur, visage souriant, démarche précipitée, gestes câlins et une infinité d'autres indices possibles qui nous informent sur leur état d'esprit. Songeons également aux diagnostics médicaux qui s'appuient sur la lecture de symptômes pathologiques, autant de variations sur le thème de l'écart, loin des normes homéostatiques qui définissent la santé.

Aux antipodes de la vie, l'entropie maximale (maxentropie) d'un système est un équilibre inerte : degré zéro de l'information et de la communication. On observe alors un nivellement des différences au sein de ce système, comme entre celui-ci et son milieu, plus une liberté totale de ses éléments, qualifiée de désordre. Son équilibre perdure aussi longtemps qu'une contrainte extérieure ne le compromet pas.

C'est dire que la maxentropie correspond à un état uniforme et invariable (hormis une agitation microscopique tous azimuts, indétectable à l'œil nu), pareil à un électro-cardiogramme rectiligne signalant une mort clinique. Cela contraste avec l'électrocardiogramme ondulé d'un être vivant, dont les reliefs et les creux – qui traduisent l'activité électrique du cœur – sont diversifiés et changeants. Au total, la maxentropie signifie qu'un système est toujours égal à lui-même et ne communique rien en dehors de cet état soporifique.

Troisièmement, si on considère l'homogénéité des êtres et des choses – eu égard à leurs constituants élémentaires – comme le lien analogique ultime entre eux, on peut aussi en faire la base axiomatique du panpsychisme. Dans cette optique, les êtres et les choses auraient tous en commun une intériorité psychique, plus ou moins simple ou complexe selon les cas.

Notons que le panpsychisme fait pendant à ce qu'on pourrait appeler le « panphysisme », conformément auquel les êtres et les choses ont tous en commun une extériorité physique, plus ou moins simple ou complexe selon les cas.

Ainsi, les êtres et les choses ne se réduiraient pas à cette extériorité physique qu'ils ont tous en commun, n'en déplaise aux partisans du matérialisme réductionniste. Il est d'ailleurs présomptueux d'affirmer que le monde n'est rien de plus que ce qu'il donne à voir, un simple spectacle de réalités concrètes, d'autant plus que cette affirmation est un fait de conscience qui transcende cet espace concret de référence comme le signifié d'un mot, son signifiant. Parallèlement, il est non moins présomptueux d'affirmer que le monde n'est rien de plus que ce qu'il donne à concevoir, un simple spectacle d'idées abstraites, puisque la résistance de la réalité physique à notre volonté en mal d'idéal est un signe parlant de son altérité à part entière.

Dès lors, par voie d'analogie, l'homogénéité en question suscite l'idée d'un germe d'intériorité psychique – à savoir un germe de conscience, au sens de sensibilité primitive ou de protoconscience – au niveau des éléments subatomiques qui entrent dans la composition de tout ce qui existe, vivant ou non, depuis les atomes jusqu'aux organismes multi-cellulaires. Ce germe offre la possibilité d'une complexité croissante au cours du processus évolutif, étalé sur des milliards d'années.

Caractérisée plus explicitement, cette homogénéité unit intimement la réalité extérieure, tangible, à une réalité intérieure, sensible, suivant un ordre de complexité extrêmement variable, qui suppose une part importante d'hétérogénéité. Elle laisse entendre que le nouveau est irréductible à l'ancien, sans que l'un et l'autre souffrent pour autant de dissonance ontologique, puisqu'ils existent sur un même plan physicopsychique, jumelant une sensibilité primitive ou une conscience évoluée à une matérialité du même ordre. Bref, elle a l'avantage d'être très cohérente.

On est donc ici exempt d'une émergence radicale, sans commune mesure avec ses conditions d'origine, où la conscience surgit miraculeusement de nulle part, ce qui n'est pas sans rappeler le mythe religieux de la tradition d'Abraham où Dieu infuse l'esprit dans la matière par une intervention surnaturelle. Au lieu de cela, il me semble plus défendable de peindre un tableau en clair-obscur où la conscience (limitée originellement à une sensibilité primitive ou une protoconscience) et la matière entretiennent un rapport étroit depuis le début du monde, comme l'endroit et l'envers d'une étoffe.

Or, si l'on adopte la vision panpsychiste, pour invérifiable qu'elle soit (la seule intériorité à laquelle quiconque a accès est la sienne propre), parce qu'elle est néanmoins tout à fait vraisemblable, on doit logiquement conclure que l'information et la communication entre les diverses entités qui peuplent l'univers ne se réduisent jamais à leur forme physique, mais au contraire incluent un fond sensible, plus ou moins riche selon que ces entités sont élémentaires ou complexes, à l'issue d'une longue évolution.

La question est maintenant de savoir – ou plutôt d'imaginer, en donnant à son intuition psychologique une extension audacieuse et suspecte – en quoi consiste ce fond sensible pour les diverses entités qui peuplent l'univers.

Cela fait doublement problème lorsqu'il est difficile de préciser ce qu'on entend par *entités*, au sujet des choses complexes qui semblent une accumulation plutôt qu'une intégration d'éléments multiples. Je songe en particulier aux choses soi-disant inertes (toute matière au repos cache en réalité des fluctuations microscopiques aléatoires d'amplitude variable) : plasmas, gaz, liquides ou solides. Si elles ne sont en effet que la somme de leurs parties, ont-elles une sensibilité morcelée, circonscrite à ces parties ? Bien malin ou bien sot celui qui osera répondre avec assurance.

Je me risque tout de même à proposer ceci : l'équilibre maxentropique est non seulement le degré zéro de l'information et de la communication, mais aussi le degré zéro de la sensibilité, sorte de calme plat qui agrée à la matière avant qu'elle ne dépasse son idéal d'inertie dans une forme dissipative ou vivante, alors qu'une source extérieure de déséquilibre l'arrache à ce calme plat, proprement insipide.

Le cas échéant, à la fois béni et maudit (car le conflit comme la souffrance sont partout monnaie courante, malgré d'innombrables exemples d'harmonie et de joie), la nature universelle déploie son génie créateur dans un processus adaptatif et évolutif qui fait flèche de tout bois et prépare le festin d'une célébration ultime où la chaleur est la reine et l'amour, le roi.

Langage de la réalité + flèche du temps

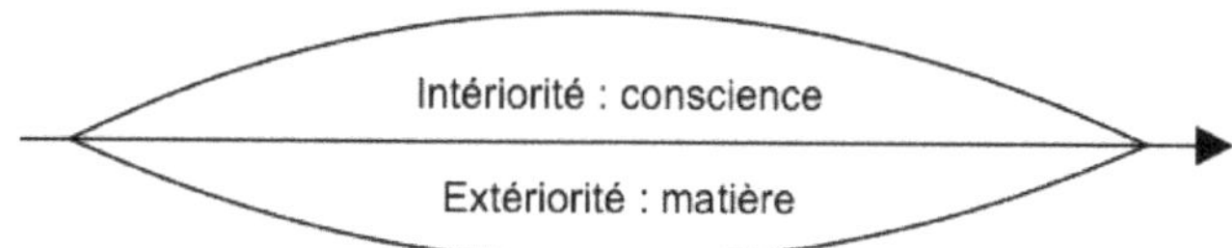

Conscience et matière = signifié et signifiant d'un logos (information)
qui exprime la manière dont les choses se forment ou se transforment

Spectre psychique

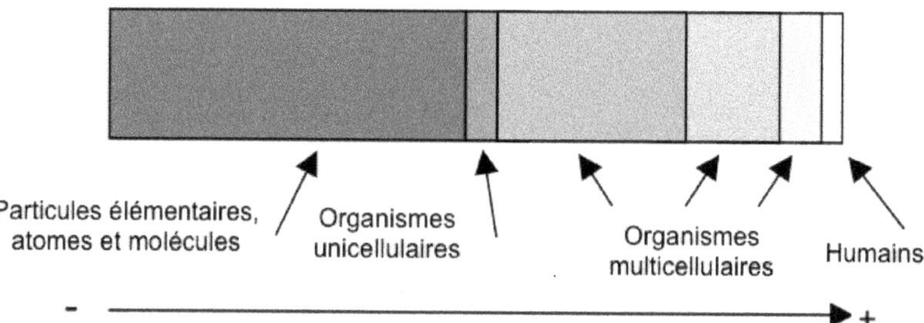

Expérience affective réduite
à sa forme la plus élémentaire
+ comportement binaire
d'attraction et de répulsion

Expérience affective et cognitive
très riche + tendance manichéenne
à maximiser le plaisir
et minimiser la souffrance

Organisme multicellulaire

Unité biologique : tout intégré
dont les parties sont en phase
et font preuve d'un esprit de corps
+ multiplicité cellulaire :
les rapports entre les cellules
produisent un effet d'ensemble
par l'accumulation d'une myriade
d'actions ponctuelles et séquentielles

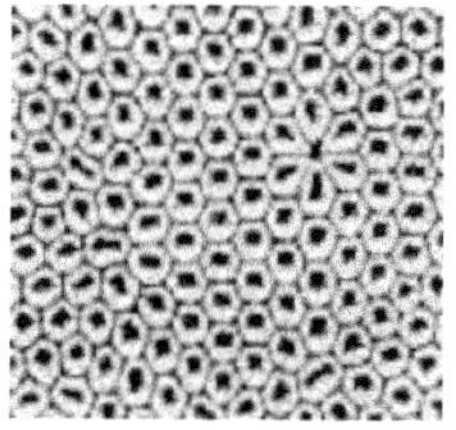

Néguentropie

Processus animé et changeant
qui signifie par le fait même
sa présence au monde et néanmoins
demeure relativement stationnaire
pendant un certain temps

État inerte qui ne change pas
= degré zéro de l'information
et de la communication +
degré zéro de la sensibilité

Maxentropie

Le régime de pleine conscience

« *Loin d'un équilibre "statique", la vie... fait figure de bien autant qu'elle représente une solution dynamique au problème du déséquilibre, solution qui en la circonstance est un pôle d'attraction vers lequel la nature universelle gravite spontanément.* »

L'image d'une fourche me vient à l'esprit pour représenter l'attracteur ambivalent de la nature universelle, tantôt satisfaite d'une quiétude indolente, lorsque les circonstances ne frustrent pas son goût pour l'inertie, tantôt forcée de renoncer à cette complaisance et de poursuivre de haute lutte une paix dynamique d'autant plus virile qu'elle doit inlassablement être reconquise, avec au tournant la triste perspective d'une perte totale. Enfin, quasi totale puisque rien n'est pas rien, dans la mesure où il contient la possibilité de tout. Ainsi, tout part de lui et y revient.

Ce dynamisme viril définit la vie, dont les cellules de convection sont une première esquisse. Et il se trouve que les humains sont à même de la comprendre pour autant qu'ils en fassent régulièrement un objet d'observation attentive et réfléchie. Car nous ne pouvons pénétrer le mystère de l'existence que par la porte de l'expérience. Celle-ci est un présent toujours recommencé, sans cesse investi de tâches aisées ou laborieuses qui sollicitent notre engagement et nous impliquent, bon gré mal gré, dans un rapport paradoxal – en même temps harmonieux et conflictuel – avec notre milieu, naturel et social. Or, c'est à condition de pratiquer la discipline d'observation attentive et réfléchie précédemment évoquée que nous avons des chances d'agir en connaissance de cause avec un certain bonheur.

Dès lors, la question qui se pose est celle-ci : quelle est la nature de ces tâches et de ce rapport pour chacun de nous ? L'insistance sur le caractère individuel d'un régime de pleine conscience, visant à mettre en lumière les objectifs et les circonstances de nos vies, émane du fait que l'être humain dans sa généralité est une pure abstraction qui ne devient réalité que sous la forme concrète de personnes spécifiques, avec ce que cela suppose de forces, de faiblesses, d'occasions et de défis qui sont le propre de ces personnes et de leurs situations.

Et pourtant – à moins de sombrer dans un relativisme extrême, conformément auquel cette abstraction n'a qu'une valeur nominale et nos relations humaines se résument à des désaccords obstinés et des rapports de force, non sans rappeler la tour de Babel – nous présentons tous en tant que membres de l'espèce humaine, organisée en sociétés sur une même planète, des caractéristiques communes. Grâce à elles, nos dialogues peuvent aboutir à une entente sur des principes généraux qui cimentent les fondements d'une fraternité authentique et d'une étroite solidarité.

Ce relativisme modéré admet une part de vérités universelles et une part de vérités individuelles, où nous sommes tous à la fois uniques et semblables. En outre, il nécessite une méthode collective d'acquisition du savoir qui tient compte des conditions subjectives de cette acquisition pour obtenir un maximum de fidélité de nos vues théoriques aux faits d'expérience, censés refléter la nature des choses (la science est l'histoire d'une réussite imparfaite qui va dans ce sens). L'option inverse ne promet que des opinions lunatiques et tendancieuses, sur fond anecdotique, autant de bulles cognitives pleines de vent.

Qu'est-ce qui peut être jugé vrai, pour ce qui touche aux objectifs et aux circonstances de nos vies, qui comportent des aspects communs à tous les humains et des aspects uniques aux individus ?

Premièrement, la vie a des besoins organiques que nous devons respecter, sous peine de compromettre ou de détruire les racines mêmes de tout épanouissement possible, attaché à notre propre bien et à celui des êtres dont nous sommes solidaires. Autrement dit, quiconque néglige sa santé, alors qu'il aspire à vivre pleinement, agit d'une manière inconséquente.

Certes, les sources insalubres de plaisir gustatif, possiblement pour compenser des soucis que l'on devrait plutôt s'appliquer à résoudre, sont des tentations omniprésentes. Nous vivons à une époque décadente où les démocraties ont dégénéré en ploutocraties et abdiquent largement leur rôle de représentants populaires en faveur des grandes sociétés commerciales qui s'enrichissent à nos dépens, en flattant sans vergogne nos goûts les plus dépravés.

Nous aurions toutefois avantage à méditer ce fait incontournable : l'abus des plaisirs que je viens d'évoquer présage à long terme des problèmes de santé qui deviendront à coup sûr des motifs de lamentation. Surtout que ces problèmes ne se bornent jamais à être corporels, car tout se tient. Un corps débilité par la maladie corrompt insensiblement l'esprit, qui finit par adopter une attitude conforme à son manque de vitalité. Il devient spontanément défaitiste ou nihiliste, ou même suicidaire, et toute perspective d'une plénitude physique et morale se ferme à double tour comme une porte blindée.

À mon avis, cette logique du bon sens devrait avoir une forme institutionnelle qui protège nos libertés individuelles, mais aussi défend une politique du bon sens, donc favorable à l'acquisition de saines habitudes plutôt qu'à la production démesurée de malbouffe, offerte partout en abondance et à bas prix, et conçue pour nous séduire en nous tuant à petit feu. Hélas ! nous sommes loin d'un pareil idéal et notre condition sociale est de naviguer – à nos risques et périls – entre les produits d'une industrie alimentaire apparentée à un champ de mines.

Quoi qu'il en soit, il nous incombe de saisir l'importance d'une bonne hygiène de vie et d'agir en conséquence avec le sérieux qui s'impose. Nous ouvrons ainsi la voie à une hiérarchie d'initiatives heureuses, à commencer par notre survie jusqu'à notre épanouissement social, chacune prenant appui sur la précédente et visant à actualiser une part de notre potentiel individuel, en relation d'interdépendance avec le reste du monde.

À noter qu'une telle hygiène se distingue d'un fanatisme diététique en cela qu'elle ne requiert qu'une adhésion habituelle à quelques principes de base en matière de santé. Ainsi, une bonne alimentation veut simplement qu'on s'éloigne le plus souvent des produits transformés et raffinés de l'industrie alimentaire, pour se rapprocher autant que possible des produits naturels de la culture et de l'élevage biologiques, comme ceux dont les fermiers d'antan se nourrissaient, en évitant les manques et les excès.

À noter également qu'une bonne hygiène de vie est dans le prolongement du processus vital, qui renouvelle sans cesse les conditions physiologiques de son existence, par une régénération tissulaire et une reproduction sexuée, lesquelles nécessitent un apport d'énergie et de matière puisées dans l'environnement. En d'autres mots, la vie est une fin en soi que l'on peut définir comme une boucle de rétroaction dont l'effet entretient la cause.

Or, qui dit explicitement fin en soi – à propos du sujet humain, vivant et conscient, qui par instinct éprouve un vouloir-vivre – dit aussi implicitement bien en soi, dans la mesure où la vie est jugée désirable parce qu'elle donne à espérer un certain bien-être.

Ce jugement, néanmoins, ne va pas de soi. Car le sujet humain, vivant et conscient, peut être gravement inadapté à sa situation, malgré des difficultés qui ne sont pas insurmontables, pour sérieuses qu'elles soient. Il réagit alors au vouloir-vivre qu'il éprouve instinctivement par un mouvement de rejet, ascétique ou suicidaire. Comme s'il avait fallu quelque 14 milliards d'années d'évolution pour que la nature universelle – par l'entremise de ce pauvre diable – reconnaisse enfin l'absurdité infernale de sa création et entreprenne de s'abîmer dans le néant. Quelle vision, ou plutôt quel aveuglement pitoyable, mais aussi quelle arrogance étroite !

Évidemment, le problème n'est pas simple, quoiqu'un manque de sens trahisse toujours une déficience de la raison. Il arrive que la vie soit un lot de souffrances intolérables qui ne laissent aucune place à la joie, ni même à la paix d'une résignation sereine. Il n'empêche que les études sur le bonheur sont concluantes, à savoir qu'il dépend beaucoup moins des circonstances qui nous entourent que de notre attitude face à elles. Cela dit, un minimum de santé physique et mentale, et d'occasions de se réjouir doit faire partie du programme pour donner prise à ce bonheur. Sinon, l'écœurement l'emporte sur le goût de vivre.

Pour ma part, je ne balance pas, en dépit des aléas du sort, qui sont plus favorables pour les uns et moins pour les autres, suivant un ensemble de possibilités et de limites qui sont locales et transitoires : la vie est un bien suprême, en raison des vastes perspectives qu'elle ouvre devant elle. Cela s'applique particulièrement à la vie humaine, dont l'intelligence évoluée offre à la nature universelle une chance privilégiée de se connaître.

Il faut toutefois admettre que cette intelligence est à double tranchant et peut se retourner contre son détenteur, qui est alors en proie à l'égarement. Ce caractère paradoxal, d'ailleurs, ne concerne pas uniquement l'intelligence, tant il est vrai que toute chance de bonheur comporte un risque de malheur. Mais que diable, on ne se débarrasse pas d'un marteau pour éviter le danger de se meurtrir un pouce ; on apprend à s'en servir pour se bâtir un toit !

Que penser de l'inerte, surtout lorsqu'il s'agit d'un équilibre maxentropique, invariablement uniforme ? Dans ce cas, il représente à mes yeux un moindre bien qui suggère un ennui mortel, une sorte de repos qui fait rêver à l'instant providentiel d'un éveil émerveillé et anxieux à la beauté toujours menacée du monde.

Pour ce qui regarde la vie humaine, elle poursuit et accomplit son propre bien, en proportion de ses moyens, lesquels sont normalement considérables et cependant limités, d'où le risque d'un mal – bénin, grave ou fatal. Or, si la vie humaine veille à son propre bien, cela signifie qu'elle consiste essentiellement à s'aimer, au sens d'une bienveillance envers elle-même. Cet amour, au demeurant, comme promotion délibérée de la nature vivante et consciente d'un individu, n'est que la manifestation pleinement assumée de son instinct vital, inscrit de manière intrinsèque dans la matrice génétique de son organisme (dont l'expression en contexte possède une dimension épigénétique).

Lorsqu'on envisage la vie non humaine, qu'elle soit multicellulaire, animale ou végétale, ou unicellulaire, par exemple bactérienne, l'interprétation selon laquelle sa fin – à savoir son but – est pour elle un bien devient de plus en plus problématique, même dans l'hypothèse où la conscience serait non seulement une composante des organismes les plus évolués, mais aussi une propriété universelle des corps.

Par *conscience*, il faut entendre un état sensible (relatif à un état physique) ou un état mental (relatif à un état cérébral) qui exprime une tension entre un mal et un bien possibles, l'un suscitant un mouvement de répulsion et l'autre, un mouvement d'attraction.

Je propose la thèse suivante, qui s'avère profondément unificatrice en dépit de son côté incertain, quant aux aspects animés du monde avec lesquels on parvient mal à s'identifier : loin d'un équilibre « statique » (maxentropie), la nature universelle tend spontanément vers un bien d'une formidable inventivité qui apporte une solution dynamique (néguentropie) au problème du déséquilibre.

Cette solution, comme ce problème, est ponctuelle et variable ; elle se limite à un point évolutif dans l'infinité spatiale et temporelle de la réalité multiple dont la nature universelle est le fondement créateur, unique en substance. De plus, elle nécessite un échange d'énergie et de matière avec l'extérieur, dans un rapport à la fois solidaire et antagoniste qui appelle un compromis entre une politique d'entraide et une stratégie d'autodéfense.

Pour chaque point évolutif, je me représente un sablier, formé de deux pyramides superposées – l'une inversée, au-dessus, et l'autre non, au-dessous – jointes par les sommets, précisément en ce point où le temps s'égrène au rythme des changements. La pyramide du dessous symbolise le potentiel créateur de la nature universelle, dont l'actualisation ponctuelle et variable se concentre au sommet dans le point en question. Ce point marque également le sommet de la pyramide inversée du dessus, lequel symbolise la naissance d'une entité en développement de nature dissipative ou vivante.

C'est dire que cette nature fait un avec la nature universelle qui la fonde, autant du point de vue de la fin dissipative ou vivante qu'elle poursuit que du point de vue des moyens qu'elle emploie pour atteindre cette fin. Par conséquent, chaque entité naît et meurt sur le plan de sa réalité phénoménale, temporelle, mais aussi transcende ce cycle de naissance et de mort sur le plan de sa réalité fondamentale, intemporelle. De même, une vague apparaît puis disparaît, tandis que l'océan – où elle se forme visiblement pour ensuite se fondre en lui, sous la surface des apparences – demeure infiniment.

Retenons entre autres ceci : loin d'un équilibre « statique », la vie – sans compter toutes les étapes qui mènent de l'inerte au vivant par des voies dissipatives – fait figure de bien autant qu'elle représente une solution dynamique au problème du déséquilibre, solution qui en la circonstance est un pôle d'attraction vers lequel la nature universelle gravite spontanément.

Gravitation signifie ici « impulsion créatrice dont la vie est l'objet ». Ainsi, on peut dire que la nature universelle aime la vie, au sens d'une appétence d'équilibre homéostatique à l'opposé d'un équilibre maxentropique, mais cela uniquement lorsque les conditions s'y prêtent au lieu de favoriser son penchant naturel pour la maxentropie.

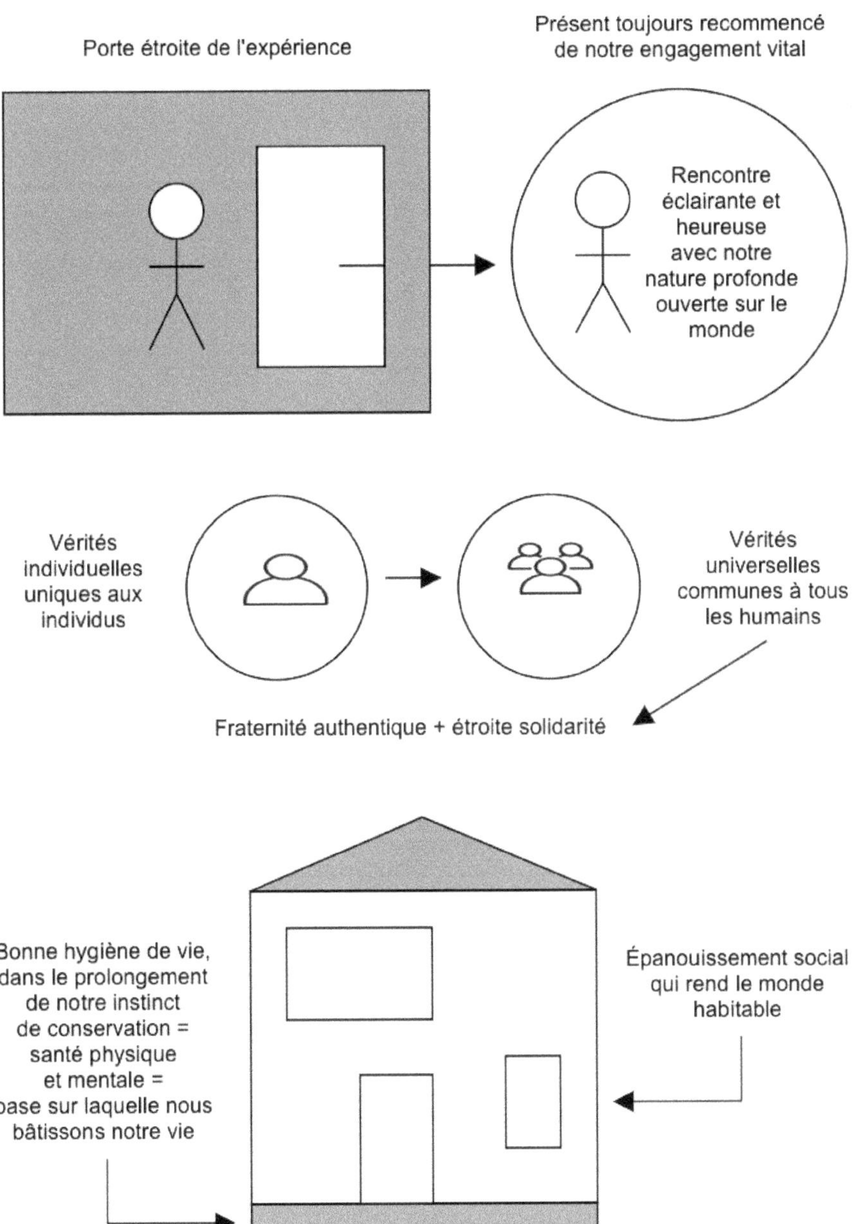

Porte étroite de l'expérience
Présent toujours recommencé de notre engagement vital
Rencontre éclairante et heureuse avec notre nature profonde ouverte sur le monde
Vérités individuelles uniques aux individus
Vérités universelles communes à tous les humains
Fraternité authentique + étroite solidarité
Bonne hygiène de vie, dans le prolongement de notre instinct de conservation = santé physique et mentale = base sur laquelle nous bâtissons notre vie
Épanouissement social qui rend le monde habitable

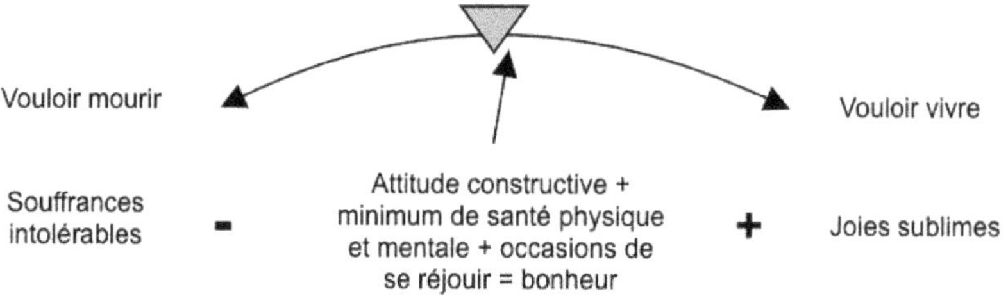

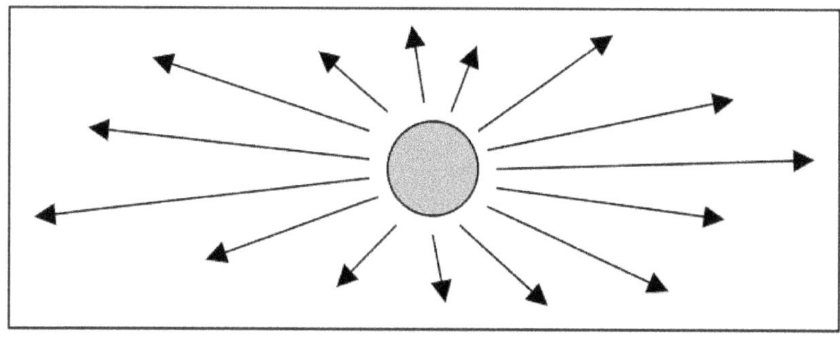

Source rayonnante : nature universelle = pouvoir créateur, unique en substance.
Rayons : créations ponctuelles et transitoires dans l'infinité
spatiale et temporelle de la réalité multiple, où les rapports entre les choses
sont tantôt harmonieux et tantôt conflictuels

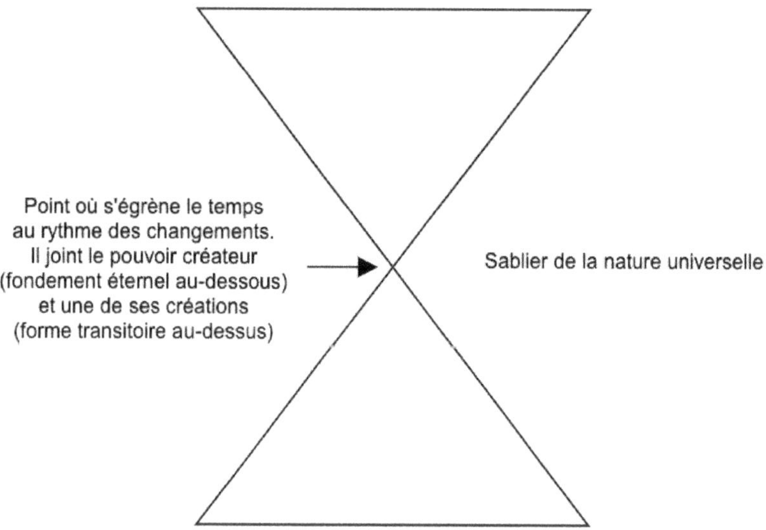

L'amour comme principe vital

« La joie authentique procède d'une transfiguration de la vie individuelle en amour universel, qui consiste pour chacun à tendre vers le bien, celui d'autrui et de toute autre forme de vie, sans négliger son propre bien, qui est son point d'appui lui permettant d'atteindre une hauteur morale. »

L'amour comme principe vital demande un recadrage conceptuel pour tout ce qui déborde la vie humaine et les autres formes de vie apparentées à cette dernière. Plus encore, il implique un abandon du réductionnisme matérialiste, qui réduit la conscience à un épiphénomène insignifiant, particulier aux animaux supérieurs.

Il s'agit d'adopter le panpsychisme à titre de conjecture vraisemblable, qui donne à la conscience – comme spectre psychique allant d'une sensibilité primitive à une conscience évoluée – une place d'une importance égale à celle qu'on accorde habituellement à la matière. Il s'agit aussi de regarder la conscience et la matière comme les deux aspects opposés et complémentaires de la nature universelle, dans son déploiement actuel, par contraste avec son repliement dans un mode virtuel d'existence qui transcende la réalité manifeste et l'inclut à l'état latent. Cette nature déployée serait donc une sorte de langage, voire de logos (allusion aux lois régissant l'univers et non à une rationalité divine, en sus de la rationalité humaine), dont la conscience et la matière seraient le signifié et le signifiant, pour chaque chose qui existe dans l'espace et dans le temps.

Je crois utile de souligner que la science (au sens strict de connaissance fondée sur l'observation de la réalité extérieure et le calcul) nous a habitués à des résultats spectaculaires dans son travail de description, de prévision et de manipulation des rapports formels qui prévalent entre les éléments structurels et fonctionnels du monde, si spectaculaires à vrai dire que nous avons développé envers elle des attentes démesurées, sans commune mesure avec son domaine de compétence. Car son formalisme descriptif d'une grande efficacité pratique et technologique cache un choix méthodologique restrictif, à la base du projet scientifique, choix qui remonte à l'âge des lumières et condamne ce projet à l'incomplétude, n'en déplaise à ceux qui prétendent le contraire en limitant le monde à son aspect matériel, pour les besoins de la cause.

Dès le XVIIe siècle, la méthode scientifique s'applique donc tout d'abord aux sciences dites exactes comme l'astronomie, la physique et la biologie, qui sont distinctes de la psychologie (en dehors du behaviorisme), de la sociologie et de la philosophie, entre autres domaines de la connaissance humaine qui néanmoins aspirent de plus en plus à une certaine forme de rigueur expérimentale.

En somme, cette méthode restreint son champ d'investigation aux choses en tant qu'objets, par opposition aux choses en tant que sujets, ce qui exclut la conscience, irréductible au cerveau dont on peut observer l'activité au moyen de l'imagerie fonctionnelle par résonance magnétique.

L'ironie dans tout ça, c'est que l'expérience et la réflexion, sur lesquelles la science repose entièrement, sont tributaires de la conscience. Nous ne sortons jamais de notre tête, à titre de sujets, et rien n'est sûr sinon l'acte de percevoir et de concevoir, tandis que les objets de nos perceptions et de nos conceptions – qui leur sont extérieurs dans une perspective réaliste – posent toujours un problème de fidélité de celles-ci à ceux-là, donc un problème de vérité.

Toutefois, puisque ces objets n'existent qu'en principe, hors de notre subjectivité, nous ne sommes nullement propres à les comparer avec nos représentations. Par conséquent, notre seul critère de vérité est une mesure d'efficacité. Je présume en l'occurrence qu'une inadéquation de notre pensée à la réalité aurait pour effet une inadaptation, ou une incapacité de fonctionner conformément à l'une qui n'aurait alors aucune pertinence relativement à l'autre.

Par exemple, si je traverse à l'heure de pointe un boulevard métropolitain en croyant que je parcours un champ de marguerites, où volent paisiblement quelques jolis papillons, le pronostic promet d'être peu encourageant.

Éclairé par la révélation que le monde extérieur, indépendamment d'un observateur, est une pure abstraction, certes défendable mais invérifiable, on pourrait supposer que la conscience est l'unique réalité et conclure que la matière lui est réductible. Or, l'idéalisme réductionniste me paraît aussi malavisé que son contraire : le matérialisme réductionniste.

La matière possède une consistance manifeste, proportionnelle à la résistance qu'elle oppose à nos désirs. Ne serait-elle qu'un produit de la conscience, telle une fantaisie, nous devrions pouvoir la contrôler à notre guise, ce qui est loin d'être le cas. Il faut donc convenir d'un certain dualisme, en dépit des signes nombreux d'une connexion intime entre la conscience et la matière, comme quoi l'une et l'autre sont les deux versants opposés et complémentaires d'une même réalité.

Cela dit, la prudence est de mise, puisque le risque d'un anthropomorphisme naïf, qui fait de l'être humain la mesure de toute chose, nous attend au tournant. Ainsi, en admettant que la conscience soit partout constitutive des corps, comme la matière, force est de reconnaître que ces deux constituants doivent être commensurables. Un corps élémentaire a vraisemblablement une sensibilité également élémentaire. Inutile de dire qu'une telle sensibilité et la conscience humaine – laquelle présente une dimension à la fois cognitive et affective – appartiennent à deux ordres très différents, quoique vaguement apparentés.

Dans cette perspective, la nature universelle est une puissance créatrice dont le génie se manifeste graduellement et localement. Elle procède à tâtons et retient ce qui par chance assouvit sa soif d'équilibre, sous une forme « statique » ou dynamique, selon les circonstances.

C'est après des milliards d'années d'évolution que la vie humaine apparaît : forme dynamique la plus évoluée, qui fait preuve d'intelligence pour élaborer une stratégie vitale adaptée à sa situation. Cette intelligence, du reste, n'est possible qu'à condition d'un équipement cérébral extrêmement développé, sans lésions pathologiques, comme le démontrent de multiples façons les recherches sur le cerveau.

En résumé, la volonté instruite par le savoir n'est pas le point de départ de la nature universelle, si prodigieuse que soit sa puissance créatrice, mais son point d'arrivée, à l'issue d'une évolution turbulente – au confluent d'une tendance déterminante et d'un tâtonnement aléatoire – qui s'étale sur des milliards d'années.

Reprenons maintenant le concept d'amour, appliqué premièrement à la nature universelle envers toutes les formes de vie (sans parler des autres produits de son génie créateur) et appliqué deuxièmement à chaque être humain envers sa propre vie, qui a par extension un caractère universel du fait de ses rapports d'interdépendance avec le reste du monde. Ce concept doit à mon sens être compris de plusieurs manières, que j'entends expliciter dans l'esprit de ce qui précède.

Notons en passant que le concept d'amour est au cœur des grandes religions qui, depuis des millénaires, paradoxalement rassemblent et divisent les humains, soit l'hindouisme, le bouddhisme, le judaïsme, le christianisme et l'islam. La science nous a appris à nous méfier de ces traditions et de leurs croyances, parce qu'elles n'entrent pas dans ses équations, mais nous aurions tort de les rejeter du revers de la main sans nous interroger sur les raisons de leur convergence autour du concept en question.

Je cherche, pour ma part, un juste milieu entre l'ouverture d'esprit et l'esprit critique, en prenant solidement appui sur les acquis de la science, sans pour autant fermer les yeux sur ce qu'il est possible de voir lorsque le regard se tourne vers l'intérieur.

Il convient de rappeler qu'il est justifiable de subsumer toutes les lois scientifiques – qui rendent la marche du monde intelligible – sous l'idée de nature universelle. L'unité essentielle de cette nature apparaît dans l'unité vitale de l'organisme humain, lequel réunit l'ensemble des éléments constitutifs de toute chose dans un tout intégré, caractérisé par un assortiment de tissus variés qui agissent en synergie vers un même but homéostatique. Bref, cette intégration est nécessairement la résultante de forces concourantes.

Partons donc du principe que la nature universelle est unique en substance, en tant que pouvoir créateur, et multiple en extension, en tant que manifestation de ce pouvoir à travers une infinité de solutions locales et transitoires au problème du déséquilibre. Celles-ci sont conditionnées par les circonstances, qui favorisent un mode de résolution tantôt « statique » (maxentropie), tantôt dynamique (néguentropie).

La vie humaine, entre autres formes de vie, est au nombre des solutions dynamiques (néguentropie locale + entropie environnante liée à la consommation/dégradation d'énergie et de matière). Elle constitue à ce titre un bien, un pôle d'attraction – par opposition à un mal, un pôle de répulsion – vers lequel la nature universelle tend irrésistiblement.

En d'autres mots, la nature universelle y investit d'instinct ses ressources créatrices, qui sont manifestement immenses, d'où la possibilité d'un bien dans une mesure appréciable, et pourtant limitées, d'où le risque d'un mal dans une proportion détestable. Elle révèle ce mélange parfois indigeste de puissance et d'impuissance dans ses solutions dynamiques au problème du déséquilibre, parmi lesquelles la vie humaine est un exemple évolué, non seulement capable de survie et de bonheur, mais aussi susceptible de souffrir et de mourir. Peut-être sommes-nous appelés à nous montrer reconnaissants et compréhensifs envers la nature universelle, comme à l'égard d'une mère qui manque de moyens sur certains points, malgré un amour sans faille.

Le fait est que l'univers ne donne aucun signe d'omnipotence ou d'omniscience en dehors des mythes religieux, qui ont tous en commun de se complaire dans l'hyperbole. Or, cette complaisance n'est pas sans inconvénient. Car un dieu bienveillant qui est de surcroît omnipotent et omniscient complique inutilement le problème de la souffrance et de la mort. La leçon est simple : quiconque rêve à un château de conte de fées, en espérant de cette chimère qu'elle devienne réalité, confère à sa maison une allure de taudis. Au total, ni miracle ni prophétie n'ont été jusqu'à ce jour davantage que des anomalies invraisemblables en attente d'explications ordinaires.

La nature universelle n'a pas le lustre de ce dieu transfiguré par des superlatifs, mais il faudrait ne pas voir clair pour la juger terne, tant le déploiement de son génie créateur a de quoi nous éblouir. Cet éblouissement est donc fonction d'un esprit éveillé, grâce auquel la nature humaine contribue à l'éclat de la nature universelle dont elle est le produit.

Ce changement de point de vue – qui va de la nature universelle à notre nature humaine et inversement – est aussi trompeur que révélateur. Notre nature reste formellement humaine, finie dans l'espace et dans le temps, quoique la nature universelle qui lui sert de fondement soit à la fois partout et nulle part, perpétuelle et intemporelle. Au regard de ce fondement, notre nature humaine est un bien parmi d'autres, à ceci près qu'elle possède une réceptivité supérieure à la vérité, nonobstant sa susceptibilité à l'erreur. Évidemment, nous éprouvons viscéralement à l'endroit de cette nature un amour particulier.

Néanmoins, cet amour particulier ne devrait pas occulter l'amour général qu'il nous revient de témoigner envers l'ensemble de l'univers, qui nous inclut et nous dépasse. Cet ensemble représente pour la nature universelle une multitude de solutions locales et transitoires au problème du déséquilibre, autant de biens conditionnels vers lesquels elle gravite spontanément. C'est d'abord en ce sens qu'elle les aime, alors que notre statut d'*Homo sapiens* (du latin *homo* « être humain » et *sapiens* « sage ») nous destine à les aimer en connaissance de cause, grâce à une élévation d'esprit qui participe de notre identification avec la nature universelle : fond créateur de notre forme humaine.

Or, si nous sommes par nature destinés à ce noble idéal, nous devons également faire honneur à notre réalité humaine, qui comprend une remarquable puissance d'action doublée d'une relative impuissance. Cette réalité commande en priorité que nous veillions à son bien, puisqu'elle est la condition à la fois permissive et restrictive de notre aptitude à aimer.

Il faut apprendre à nous en accommoder à force de compromis les plus heureux possible, ce qui dans nos fréquentes situations de conflit pourrait s'avérer délicat, surtout lorsqu'elles nous confrontent à de terribles dilemmes. Effectivement, il est rare que nous soyons en parfaite harmonie avec les êtres et les choses qui nous entourent. Voilà notre lot : une existence parfois tumultueuse que les plus habiles d'entre nous parcourent avec aplomb, comme ces capitaines de voiliers qui ont l'habitude des vents contraires et maîtrisent l'art difficile d'en tirer parti pour arriver à bon port.

Cela dit, il y a une autre façon d'élever notre esprit à une hauteur morale, qui nous amène à transcender la bienveillance nécessaire mais insuffisante d'un amour centré sur nous-mêmes. De fait, nous ne sommes rien individuellement en dehors des relations d'interdépendance qui nous lient intimement à notre environnement social et naturel, comme aux conditions universelles de cet environnement.

Ainsi, la famille humaine et la Terre mère ne sont pas de vains mots, d'autant qu'elles constituent notre milieu nourricier, en dépit des rigueurs auxquelles elles nous exposent. Et il en va de même du cosmos, qui est le berceau de notre planète, laquelle est comparable à une pièce de casse-tête qui ne prend tout son sens que par rapport à l'ensemble.

Commençons par les relations d'interdépendance qui nous lient intimement à notre environnement social. Des études ont montré qu'un nourrisson, correctement alimenté mais privé de tout contact humain, souvent dépérit à vue d'œil et finit par mourir.

Toutefois, des histoires existent sur des enfants dits « sauvages » parce que découverts profondément dans la forêt – à l'écart de la civilisation – où des animaux les avaient pris en pitié et secourus. Probablement victimes de maltraitance et abandonnés très jeunes à eux-mêmes, ces enfants avaient modelé leur comportement sur celui de ces animaux et ne connaissaient apparemment que des automatismes primitifs et des émotions grossières. Ils ne donnaient aucun signe de langage articulé ou de pensée abstraite. Que conclure de ces histoires, à la frontière du mythe et du réel ? Disons simplement que lorsqu'il a vécu depuis l'enfance en dehors de la société humaine, l'être humain est à ce point dépourvu d'humanité qu'il ressemble à une bête.

En tant que membre de la civilisation, l'individu a donc une nature essentiellement collective, c'est-à-dire solidaire de ses semblables. Cela devrait l'engager à repenser le concept de *soi* pour le transfigurer en concept de *nous*. Cette solidarité, du reste, concerne non seulement nos rapports coopératifs avec autrui, qui nous appuient dans notre quête de bonheur, face aux difficultés de l'existence, mais aussi nos rapports compétitifs, qui stimulent en nous un désir de dépassement, pour jouir d'un avenir meilleur.

Il n'en demeure pas moins que le capitalisme sauvage – livré aux forces brutes du marché – s'apparente davantage à une jungle qu'à un système proprement civilisé. Il offre des exemples particulièrement pervers de compétition où les plus forts exploitent cet avantage pour s'enrichir au-delà de toute mesure pendant que les plus faibles, qui leur servent d'esclaves, acceptent à contrecœur de vivre pauvrement.

Quiconque est parvenu à une maturité morale digne de ce nom éprouvera un écœurement profond à l'idée d'une injustice distributive aussi flagrante. Car enfin, les petits salariés de la classe pauvre ou moyenne ne représentent-ils pas la force de travail qui est largement responsable de la richesse des nations, concentrée néanmoins dans les mains d'une minorité de profiteurs à l'individualisme forcené ?

Je concède sans peine qu'il existe parmi cette minorité des individus dont les qualités d'entrepreneurs visionnaires et intrépides ou de gestionnaires émérites et laborieux méritent d'être copieusement récompensées. Mais lorsque l'inégalité entre la minorité des uns et la majorité des autres atteint comme aujourd'hui un paroxysme, de sorte que les revenus les plus élevés peuvent dépasser les revenus les plus bas par un facteur de 1000 ou plus, il y a, quant à moi, matière à s'indigner.

Une question se pose alors : quel est l'objet légitime de cette indignation ? Est-ce, par exemple, tel ou tel cadre supérieur qui accepte – avec une bonne dose d'opportunisme égocentrique – un haut degré d'inégalité sociale, ou est-ce le système lui-même qui le favorise par son côté sauvage ? À preuve les inégalités criantes qui au sein de ce système touchent non seulement les revenus (ceux-ci, dans les cas extrêmes, autorisent la prétention à un niveau de vie d'une extravagance indécente faisant contraste avec une pauvreté abjecte), mais aussi la représentation politique et légale, à laquelle s'ajoutent les services essentiels relatifs à la santé et à l'éducation. La réponse à cette question me semble aller de soi : le système comme ceux qui en profitent font partie du problème.

Enfin, trêve de protestations moralisatrices, avec mon air de Don Quichotte qui s'anime en pure perte devant une élite richissime, souvent aussi sourde que des moulins à vent. L'objectif de mon propos est une prise de conscience pour quiconque médite volontiers le caractère étroitement interconnecté et fondamentalement universel de sa nature humaine, et qui veille de surcroît à éviter les dissonances entre ses principes et ses actes.

Abordons maintenant les relations d'interdépendance qui nous lient intimement à notre environnement naturel. La nécessité, dit-on, est mère de l'invention et il se fait que la crise climatique actuelle est devenue prétexte à l'innovation.

Certains parlent de fertiliser une part de l'océan avec du sulfate de fer pour aider à la croissance d'algues planctoniques, vu leur utilité comme puits de carbone (gaz atmosphérique à effet de serre), tout en maintenant actives les démarches de reforestation, pour la même raison. D'autres parlent de technologies de capture et de stockage du carbone, technologies plus efficaces que les plantes, mais dispendieuses. D'autres, enfin, parlent de contrer la présence de ce gaz en injectant dans l'atmosphère des quantités massives d'aérosol de sulfate, imitant ainsi une éruption volcanique et le refroidissement qu'elle entraîne à grande échelle.

Ce ne sont là que trois exemples à l'enseigne des projets de géoingénierie, tous diversement controversés et potentiellement hasardeux, en dépit des bonnes intentions qui les motivent. Le but est de corriger les conséquences désastreuses de la révolution industrielle jusqu'à nos jours, tant pour la nature que pour l'humanité qui en dépend : réchauffement planétaire, fonte des glaces arctiques, montée des eaux océaniques, mort des récifs coralliens, désertification grandissante des sols à travers le monde, feux de forêt sur de vastes superficies, fréquence accrue des catastrophes naturelles comme les inondations, les tornades et les sécheresses, répercussions économiques particulièrement éprouvantes pour les pays pauvres, risque croissant de soulèvements et de déplacements populaires, autant de victimes affamées et désespérées de la crise climatique, qui se chiffrent par millions, et j'en passe.

Là où le bât blesse, c'est que la géoingénierie perpétue l'arrogance de la révolution scientifique qui, dans un premier temps, a cru réalisable une totale domination de la nature pour la plier à nos intérêts et qui, dans un second temps, a rendu possible la révolution industrielle et une exploitation outrancière des ressources naturelles dont nous faisons aujourd'hui les frais. Seul un changement de paradigme pourra nous sortir de l'impasse. Il s'agit de tempérer notre idéal de domination par un idéal de conservation, en reconnaissant que la nature a une valeur en soi, en plus d'avoir une utilité pour nous.

Certes, une telle transition est difficile à concevoir, d'autant plus que cette arrogance dominatrice et cette exploitation outrancière nous ont habitués à un niveau de production et de consommation sans précédent, qui a dégénéré en conduite addictive et autodestructrice, proprement pathologique. Cette dégénérescence trahit en outre un égarement pernicieux, dans le prolongement de la révolution scientifique : le réductionnisme matérialiste, compliqué d'un évolutionnisme superficiel et d'un individualisme aveugle.

Ainsi, au lieu d'un sentiment éclairé d'appartenance au monde, beaucoup éprouvent un vide spirituel qu'ils cherchent vainement à combler avec une accumulation d'objets de consommation qui sont souvent superflus et ne procurent qu'une satisfaction puérile et fugace, au préjudice de la nature qui est ravalée à la fonction de ressource à exploiter ou de dépotoir à remplir. Ce sentiment éclairé suppose un approfondissement du lien de filiation et d'interconnexion qui prévaut, d'une part, entre nous et notre fondement créateur, et d'autre part, entre nous et nos conditions sociales et naturelles d'existence.

La joie authentique procède d'une transfiguration de la vie individuelle en amour universel, qui consiste pour chacun à tendre vers le bien, celui d'autrui et de toute autre forme de vie, sans négliger son propre bien, qui est son point d'appui lui permettant d'atteindre une hauteur morale.

Nous rencontrons à présent une nouvelle difficulté, appliquée aux autres formes de vie. Comment déterminer la mesure du compromis qui vise à accorder notre propre bien avec le leur ? Deux critères de conduite s'imposent comme bases opposées et complémentaires de notre jugement : 1) les dommages que notre vie implique du fait qu'elle ne peut subsister sans se nourrir d'autres vies, animales ou végétales, et 2) les sacrifices auxquels nous devons consentir pour demeurer fidèles au principe de respect et de partage envers ces autres formes de vie.

Tandis que nous oscillons comme un pendule entre ces dommages et ces sacrifices, qui poussés à l'extrême sont des excès de prédation ou d'abnégation, l'équilibre que nous recherchons met en cause notre adaptabilité et celle des êtres vivants qui nous entourent. Cette adaptabilité est inscrite dans la nature même de la vie, qui puise dans son milieu l'énergie et la matière nécessaires pour se régénérer et se reproduire.

C'est dire que la vie comprend et déborde les individus pour englober l'espèce dont ils font partie à travers leur existence et celle de leur descendance. Tout effort de conservation doit garder à l'esprit ce cadre élargi de référence, en cherchant à ne pas épuiser la biodiversité, puisque cela nous condamnerait à mort en plus d'anéantir d'autres formes de vie, qui ne sont pas moins que nous attachées à leur survie.

D'ailleurs, cet attachement n'a pas seulement pour objet leur survie, mais aussi leur bien-être. C'est pourquoi la conservation de la nature ne saurait être complète sans une dimension humanitaire de bienveillance. Autrement dit, si notre idéal d'amour universel doit être modéré par notre désir de plénitude individuelle, ce désir doit en retour être modéré par cet idéal, en vue d'un compromis aussi favorable que possible à l'épanouissement du biotope dans son ensemble, terrestre et marin.

À cet effet, nous ne pouvons qu'espérer un renforcement de la tendance actuelle à reconnaître la dégradation écologique entraînée par notre exploitation des ressources naturelles, dont les limites entrent en contradiction avec une politique de croissance à l'infini. Ainsi, les initiatives de subvention et de taxation qui visent à encourager les pratiques les plus vertes tout en décourageant le contraire semblent de bon augure, quoique nous puissions nous attendre à une anémie des mesures de conservation lorsqu'elles sont vampirisées par des groupes de pression mercantiles qui jouent de leur influence pour aligner le pouvoir politique sur leurs intérêts.

Conclusion : si nous voulons que les choses s'améliorent, nous devons être les champions de cette amélioration, en tant que consommateurs et électeurs. Cela revient à dénoncer collectivement les pratiques industrielles et les politiques gouvernementales les plus incompatibles avec un développement durable et une société juste, en exigeant des directeurs d'entreprises et des chefs de gouvernements un redressement significatif sous peine de leur refuser notre appui, commercial ou électoral.

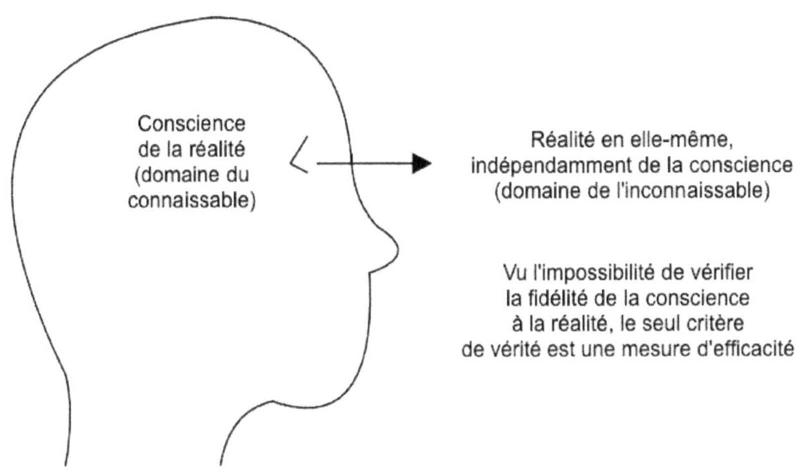

Conscience
de la réalité
(domaine du
connaissable)
Réalité en elle-même,
indépendamment de la conscience
(domaine de l'inconnaissable)
Vu l'impossibilité de vérifier
la fidélité de la conscience
à la réalité, le seul critère
de vérité est une mesure d'efficacité
Inadéquation de la conscience à la réalité = inadaptation à cette réalité,
ou incapacité d'y fonctionner

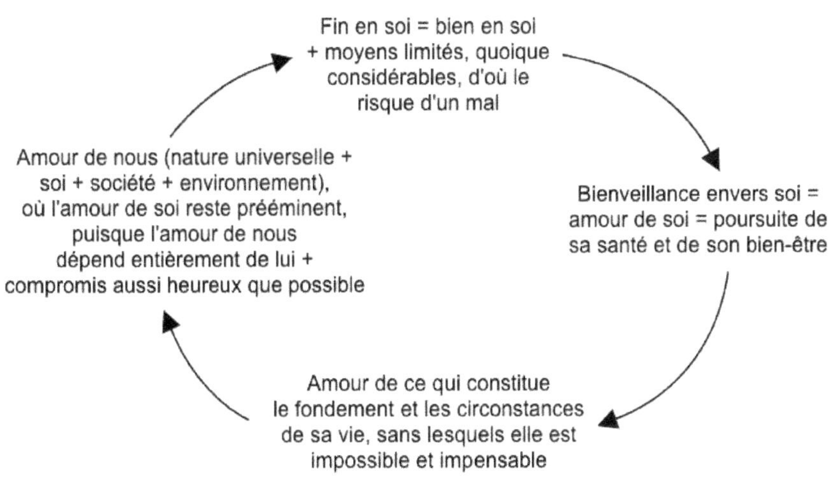

Fin en soi = bien en soi
+ moyens limités, quoique
considérables, d'où le
risque d'un mal
Amour de nous (nature universelle +
soi + société + environnement),
où l'amour de soi reste prééminent,
puisque l'amour de nous
dépend entièrement de lui +
compromis aussi heureux que possible
Bienveillance envers soi =
amour de soi = poursuite de
sa santé et de son bien-être
Amour de ce qui constitue
le fondement et les circonstances
de sa vie, sans lesquels elle est
impossible et impensable
La vie = boucle de rétroaction
dont l'effet entretient la cause

Bibliographie

Voici une liste des ouvrages principaux qui ont contribué à stimuler et à nourrir ma pensée en vue d'une perspective multidisciplinaire et synthétique qui puisse jeter quelque lumière sur la vie : son principe et ses circonstances, en fonction desquels elle prend un sens.

Abdennour, Bidar, *Les tisserands : Réparer ensemble le tissu déchiré du monde,* Les liens qui libèrent, 2016

Al-Khalili, Jim (Foreword), *The Physics Book*, DK, 2020

Aquin (d'), Thomas, *Œuvres majeures,* Éditions Vivre Ensemble, 2015

Aristote, *Éthique à Nicomaque,* Flammarion, 1997
   — *Métaphysique*, Vrin, 2000

Atkins, Peter, *Conjuring the Universe*: *The Origins of the Laws of Nature,* Oxford University Press, 2020

— *The Laws of Thermodynamics*, Oxford University Press, 2010

Atkinson, Robert, *The Story of our Time: From Duality to Interconnectedness, to Oneness*, Sacred Stories Publishing, 2017

Atlan, Henri, *Entre le cristal et la fumée*, Seuil, 1979
— *L'organisation biologique et la théorie de l'information*, Hermann, rééd. 1992

Aurelius, Marcus, *Meditations,* CreateSpace Independent Publishing, 2017

Azarian, Bobby, *The Romance of Reality: How the Universe Organizes Itself to Create Life, Consciousness, and Cosmic Complexity,* Benbella Books, 2022

Philip Ball, *How Life Works: A User's Guide to the New Biology,* University of Chicago Press, 2023

Barrau, Aurélien, *Le plus grand défi de l'histoire de l'humanité*, Michel Lafon, 2020

Bassham, Gregory, *The Philosophy Book*, Sterling, 2019

Beck, Don, *Spiral Dynamics Integral*, Sounds True, 2007

Beck, Ulrich, *The Metamorphosis of the World: How Climate Change is Transforming our Concept of the World,* Polity, 2016

Bejan, Adrian, *Design in Nature: How the Constructal Law Governs Evolution in Biology, Physics, Technology, and Social Organization*, Doubleday, 2012
    — *Freedom and Evolution: Hierarchy in Nature, Society, and Science*, Springer, 2020
    — *The Physics of Life: The Evolution of Everything*, St. Martin's Press, 2016

Benatar, David, *The Human Predicament*, Oxford University Press, 2017

Benn, Alfred William, *History of Modern Philosophy*, Facsimile Publisher, 2019

Bergson, Henri, *Les deux sources de la morale et de la religion*, Arvensa, 2019
    — *L'évolution créatrice*, Presses universitaires de France, 2013

Berlin, Isaiah, *Freedom and its Betrayal*, Princeton University Press, 2014

Berry, Stephen R., *3 Laws of Nature*, Yale University Press, 2019

Bertalanffy (von), Ludwig, *General System Theory*, George Braziller Publishers, 2015

Bertelle, Ève, *Le bonheur d'aller vers soi*, Éditions Dervy, 2020

Bohm, David, *Wholeness and the Implicate Order*, Routledge, 2002

Botton (de), Alain, *The Consolations of Philosophy*, Pantheon, 2000

Bowers, C. A., *Perspectives on the Ideas of Gregory Bateson,* Eco-Justice Press, 2011

Brantmark, Niki, *Lagom: Not Too Little, Not Too Much—The Swedish Art of Living a Balanced, Happy Life,* Harper Design, 2017

Bratman, Steven, *Spontaneous Order and the Origin of Life,* Bookbaby, 2021

Bryson, Bill, *A Short History of Nearly Everything: A Journey Through Space and Time*, Random House UK, 2016

Burgelman, Robert A., *Ilya Prigogine – La théorie de la dynamique des systèmes loin de l'équilibre : Contribution au rôle de l'élaboration de stratégies dans l'évolution organisationnelle,* Éditions EMS, 2012

Burns, Kevin, *Eastern Philosophies*, Enchanted Lion Books, 2006

Burton, Howard, *A Matter of Energy: Biology From First Principles—A Conversation with Nick Lane,* Open Agenda Publishing, 2020

Calder, Gideon, *Rorty*, Weidenfeld & Nicolson, 2011

Campbell, James, *William James, Charles Pierce, and American Pragmatism,* Blackstone Audio Inc., 2006

Camus, Albert, *Le mythe de Sisyphe*, Les Éditions Du Cénacle, 2019

Canu, Marie-Hélène, *Mémo visuel de physiologie humaine*, Dunod, 2018

Capra, Fritjof, *The Tao of Physics*, Harper-Collins Canada, 1989

Carroll, Sean, *The Big Picture: On the Origins of Life, Meaning, and the Universe Itself*, Dutton, 2016

Carson, Rachel, *Silent Spring,* Houghton Mifflin Harcourt, 2002

Chalmers, David, *The Conscious Mind*, Oxford University Press, 1997

Charbonnier, Pierre, *Abondance et liberté – Une histoire environnementale des idées politiques,* La Découverte, 2019

Chomsky, Noam, *How the World Works*, Soft Skull, 2011

Christian, David, *Big History: The Big Bang, Life on Earth, and the Rise of Humanity,* The Great Courses (audiobook), 2013

Combs, Allan, *Consciousness Explained Better*, Paragon House, 2009

Cometti, Jean-Pierre, *Qu'est-ce que le pragmatisme ?* Gallimard, 2010

Commoner, Barry, *The Closing Circle: Nature, Man, and Technology,* Dover Publications, 2020

Comte-Sponville, André, *Petit traité des grandes vertus,* Points, 2006

Dalai Lama, *Ancient Wisdom, Modern World: Ethics for the New Millennium*, Little Brown, 2004

Damasio, Antonio, *Feeling & Knowing: Making Minds Conscious,* Pantheon, 2021

Darwin, Charles, *L'évolution des espèces*, Class, 2016
— *The Descent of Man*, Plume, 2007

Deacon, Terrence, *Incomplete Nature*, WW Norton & Company, 2011

Delay, Jean, *La psycho-physiologie humaine*, Presses universitaires de France, 1974

Deleuze, Gilles & Guattari, Félix, *What Is Philosophy*, Columbia University Press, 1991

Dennett, Daniel C., *Consciousness Explained*, Back Bay Books, 1992

Descartes, René, *Discours de la méthode*, CreateSpace Independent Publishing, 2016

Deutsch, David, *The Beginning of Infinity: Explanations that Transform the World,* Penguin Classic, 2012
    — *The Fabric of Reality*, Penguin Books, 1998

Devillers, Charles, *Questions sur la théorie de l'évolution*, Presses universitaires de France, 1996

Drucker, Peter F., *Post-Capitalist Society,* Harper-Collins, 2009

Duchatel, Julie, *Les coopératives Mondragón en Espagne ou comment des coopératives ouvrières sont devenues une petite multinationale,* The Social Solidarity Economy Resource, 2008

Durant, Will & Ariel, *The Lessons of History*, Simon and Schuster, 2012

Durkheim, Emile, *The Division of Labor in Society,* Free Press, 2014

Dyson, Freeman, *Origins of Life*, Cambridge University Press, 1999

Eagleton, Terry, *The Meaning of Life*, Oxford University Press, 2008

Edelman, Gerald M. & Tononi, Giulio, *A Universe of Consciousness: How Matter Becomes Imagination*, Basic Books, 2001

Eisenstein, Charles, *Climate: A New Story*, North Atlantic Books, 2018
— *The Ascent of Humanity: Civilization and the Human Sense of Self,* North Atlantic Books, 2013

England, Jeremy, *Every Life is on Fire: How Thermodynamics Explains the Origins of Living Things*, Basic Books, 2020

Épictète, *Entretiens : fragments et sentences,* Vrin, 2015

Espagnat (d'), Bernard, *À la recherche du réel,* Dunod, 2015

Fabre, Claude, *Introduction à la physique moderne : physique quantique et relativité,* Dunod, 2015

Feynman, Richard P., *The Meaning of It All: Thoughts of a Citizen-Scientist,* Basic Books, 2005
— *Six Easy Pieces: Essentials of Physics Explained…,* Basic Books, 2011

Fleck, Robert, *Entropy and the Second Law of Thermo-dynamics,* Springer Nature, 2023

Frankl, Viktor, *Man's Search for Meaning*, Random House of Canada, 2019

Freeland, Chrystia, *Plutocrats: The New Golden Age,* Random House of Canada, 2014

Freud, Sigmund, *Beyond the Pleasure Principle,* Dover Publications, 2015
  — *Malaise dans la civilisation*, Books on Demand, 2018

Friedman, Milton, *Capitalism and Freedom,* University of Chicago Press, 2020

Garfield, Jay L., *The Meaning of Life: Perspectives From the World's Great Intellectual Traditions,* The Great Courses (audiobook), 2013

Gauchet, Marcel, *Le désenchantement du monde*, Gallimard, 1985

George, Suzan, *Les limites du pouvoir des contre-pouvoirs*, tni, 2008

Gerald, Gloria E. & Michael C., *The Biology Book*, Sterling, 2015

Giddens, Anthony, *Runaway World,* Profile Books Ltd, 1999

Gimbel, Steven, *The Great Questions of Philosophy and Physics,* The Great Courses (audiobook), 2020

Godfrey-Smith, Peter, *Theory and Reality: An Introduction to the Philosophy of Science*, The University of Chicago Press, 2003

Goff, Philip, *Galileo's Error,* Vintage, 2019
　　— *Why? The Purpose of the Universe,* Oxford University Press, 2023

Goleman, Daniel, *Emotional Intelligence*, Bantam, 2012

Gould, Stephen Jay, *Rocks of Ages: Science and Religion in the Fullness of Life,* Ballantine Books, 2011

Gourinat, Jean-Baptiste, *Le stoïcisme*, Presses universitaires de France, 2017

Grayling, A. C., *The History of Philosophy,* Penguin Books, 2019

Greene, Brian, *The Elegant Universe: Superstrings, Hidden Dimensions, and the Quest for the Ultimate Theory,* W. W. Norton & Company, 2009
　　— *Until the End of Time: Mind, Matter, and Our Search for Meaning in an Evolving Universe,* Vintage, 2020

Griffith, Jeremy, *Freedom: The End of the Human Condition,* WTM Publishing and Communications, 2016

Grim, Patrick, *Mind-Body Philosophy,* The Great Courses (audiobook), 2017

Grossman, C. Jeffrey, *Thermodynamics: Four Laws That Move the Universe,* The Great Courses (audiobook), 2014

Gutting, Gary, *What Philosophers Know*, Cambridge University Press, 2009

Habermas, Jürgen, *Religion and Rationality*, Polity, 2014

Hadot, Pierre, *Plotin ou la simplicité du regard*, Gallimard, 1997

Hall, James, *Tools of Thinking: Understanding the World Through Experience and Reason,* The Great Courses (audiobook), 2013

Hanh,Thich Nhat, *The Art of Living*, HarperOne, 2011
— *The Heart of the Buddha's Teaching*, Harmony, 2015

Harari, Yuval Noah, *Sapiens*, Signal, 2014
— *Homo Deus*, Signal, 2016
— *21 lessons for the 21st-Century,* Signal, 2018

Hardy, Grant, *Great Minds of the Eastern Intellectual Tradition,* The Great Courses (audiobook), 2013

Harris, Annaka, *Conscious: A Brief Guide to the Fundamental Mystery of the Mind*, Harper, 2019

Harris, Sam, *Making Sense: Conversations on Consciousness, Morality, and the Future of Humanity,* Ecco, 2020
    — *The Moral Landscape*, Free Press, 2010
    — *Waking Up*, Simon and Schuster, 2014

Hawley, Jack, *Bhagavad Gita,* The Great Courses (audiobook), 2012

Hayek, Friedrich A., *The Constitution of Liberty,* University of Chicago Press, 2011
    — *The Road to Serfdom,* Institute of Economic Affairs, 2005

Hazen, Robert M., *The Origin and Evolution of Earth: From the Big Bang to the Future of Human Existence*, The Great Courses (audiobook), 2013

Ho, Mae-Wan, *Rainbow and the Worm: The Physics of organisms,* World Scientific, 2008

Horkheimer, Max, *Eclipse of Reason,* Bloomsbury Academic,* 2013

Hume, David, *Collected Writings*, Benediction Classics, 2013

Humphrey, Marc, *Quantum Physics*, Alpha, 2015

Huxley, Aldous, *The Divine Within: Selected Writings on Enlightenment,* Harper Perennial, 2013
— *The Perennial Philosophy,* Harper Perennial Modern Classics, 2009

Irvine, William B., *A Guide to the Good Life: The Ancient Art of Stoic Joy*, Oxford University Press, 2008

Jacob, François, *La logique du vivant*, Gallimard, 1976

Jancovici, Jean-Marc, *L'avenir climatique,* Points, 2005

Johnson, David K, *The Big Questions of Philosophy,* The Great Courses (audiobook), 2016

Juniper, Tony, *The Ecology Book*, DK, 2019

Kahneman, Daniel, *Thinking, Fast & Slow*, Random House of Canada, 2013

Kasser, Jeffrey L., *The Philosophy of Science,* The Great Courses, (audiobook), 2013

Kauffman, Stuart A., *A World Beyond Physics: The Emergence and Evolution of Life,* Oxford University Press, 2019
— *Humanity in a Creative Universe,* Oxford University Press, 2016

Kelly, Paul (consultant editor), *The Politics Book*, DK, 2015

Kenny, Anthony, *A New History of Western Philosophy,* Oxford University Press, 2012

Keynes, John Maynard, *The Collected Works of John Maynard Keynes*, Strelbytskyy Multimedia Publishing, 2021

Kimmerer, Robin Wall, *Braiding Sweetgrass: Indigenous Wisdom, Scientific Knowledge and the Teachings of Plants,* Milkweed Editions, 2015

Kishtainy, Niall, *The Economics Book*, DK, 2014

Klein, Étienne, *Le goût du vrai,* Gallimard, 2020

Koestler, Arthur, *Le cheval dans la locomotive : Le paradoxe humain*, Les Belles Lettres, 2013

Koch, Christof, *The Feeling of Life Itself: Why Consciousness Is Widespread but Can't Be Computed,* The MIT Press, 2019

Koninck (de), Thomas, *La nouvelle ignorance : Le problème de la culture*, Presses universitaires de France, 2000

Krauss, Lawrence M., *A Universe from Nothing: Why There Is Something Rather than Nothing*, Atria Books, 2013

Kropotkine, Pierre, *L'entraide : un facteur de l'évolution*, Écosociété, 2001

Kuhn, Thomas, *La structure des révolutions scientifiques*, Flammarion, 1999

Lacour, Bernard et Belon, Jean-Paul, *Physiologie humaine*, Elsevier Masson, 2016

Lakey, George, *Viking Economics: How the Scandinavians Got it Right*, Melville House, 2016

Lane, Nick, *The Vital Question: Energy, Evolution, and the Origins of Complex Life*, W. W. Norton & Company, 2015

Lao Tzu, *Tao Te Ching*, Harper Perennial Modern Classics, 2006

Laszlo, Ervin, *Reconnecting to the Source: The New Science of Spiritual Experience*, St. Martin's Essentials, 2020

Latour, Bruno, *Où atterrir ? – Où suis-je ?*, Audiolib, 2021

Leibniz, G. W., *Discourse on Metaphysics and the Monadology*, Dover Publications, 2012

Le Moigne, Jean-Louis, *La théorie du système général*, Presses universitaires de France, 1994

Lenoir, Frédéric, *L'âme du monde*, Nil, 2012
— *Le Miracle Spinoza*, Fayard, 2017

Levinas, Emmanuel, *Entre nous : Essais sur le penser-à-l'autre*, Grasset, 1991

Lewis, Geraint F. & Barnes, Luke A., *A Fortunate Universe: Life in a Finely Tuned Cosmos,* Cambridge University Press, 2020

Lightman, Alan, *The Accidental Universe: The World You Thought You Knew,* Vintage, 2014

Lincoln, Don, *The Evidence for Modern Physics: How We Know What We Know,* The Great Courses (audiobook), 2021

Lipton, Bruce H., *The Biology of Belief: Unleashing the Power of Consciousness, Matter & Miracles,* Hay House Inc., 2016

Locke, John, *Political Writings*, Hackett Pub Co Inc, 2003

Lucas, Jim, *What Is the Second Law of Thermodynamics?* Live Science, 2022

Lupasco, Stéphane, *Le principe d'antagonisme et la logique de l'énergie*, Le Rocher, 1989

Maître Eckhart, *Les sermons*, Albin-Michel, 2009

Maslow, Abraham H., *A Theory of Human Motivation*, Wilder Publications, 2018

Mathieu, Rémi, *Le taoïsme*, Presses universitaires de France, 2019

Mesle, C. Robert, *Process-Relational Philosophy: An Introduction to Alfred North Whitehead*, Templeton Foundation Press, 2008

Michaelian, Karo, *Thermodynamic Dissipation Theory of the Origin and Evolution of Life*, CreateSpace, 2016

Mill, John Stuart, *On Liberty*, Dover Publications, 2012

Mix, F. Dwight, *Entropy: A Guide for the Perplexed*, CreateSpace Independent Publishing, 2015

Monod, Jacques, *Le hasard et la nécessité*, Points, 2014

Morin, Edgar, *Le paradigme perdu*, Seuil, 1973
 — *La méthode, t. 1, La nature de la nature*, Seuil, 1977
 — *t. 2, La vie de la vie*, Seuil, 1980
 — *t. 3, La connaissance de la connaissance*, Seuil, 1986
 — *t. 5, l'Humanité de l'humanité*, Seuil, 2003
 — *Pour et contre Marx*, Flammarion, 2010

Morizot, Baptiste, *Manières d'être vivant : Enquêtes sur la vie à travers nous*, Éditions Actes Sud, 2020

Morowitz, Harold J., *The Emergence of Everything: How the World Became Complex,* Oxford University Press, 2002

Naess, Arne, *The Ecology of Wisdom*, Counterpoint, 2009

Nagel, Thomas, *What Does It All Mean?* Oxford University Press, 1987
— *Mind and Cosmos,* Oxford University Press, 2012

Olivero, Patrick, *Être et temps de Heidegger*, lePetit-Philosophe.fr, 2014
— *Thomas d'Aquin*, lePetitPhilosophe.fr, 2013

Owen, Robert, *A New View of Society and Other Writings,* Penguin, 2007

Panek, Richard, *The 4% Universe: Dark Matter, Dark Energy, and the Race to Discover the Rest of Reality,* Mariner Books, 2011

Parfit, Derek, *Reasons and Persons,* Oxford University Press, 1986

Partanen, Anu, *The Nordic Theory of Everything: In Search of a Better Life,* Duckworth, 2017

Pelt, Jean-Marie, *Les langages secrets de la nature,* Fayard, 2014

Penrose, Roger, *Cycles of Time: An Extraordinary New View of the Universe,* Knopf, 2011
— *The Emperor's New Mind: Concerning Computers, Minds and the Laws of Physics,* Oxford University Press, 2016

Peterson, B. Jordan, *12 Rules for Life*, Random House Canada, 2018

Philip, Neil, *The Religions Book*, DK, 2015

Pickover, Clifford A., *The Physics Book*, Sterling Publishing, 2011

Pierson, Gilles, *L'utilitarisme de Mill – Le bonheur digne de l'homme*, LePetitPhilosophe, 2014

Piketty, Thomas, *Capital et idéologie,* Le Seuil, 2019
— *Résoudre le problème des inégalités,* Société (Université Laval), 2020

Pinker, Steven, *Enlightenment Now: The Case for Reason, Science, Humanism, and Progress*, Penguin Books, 2019

Polanyi, Karl, *The Great Transformation: The Political and Economic Origins of our Time*, Beacon Press, 2001

Popper, Karl, *The Logic of Scientific Discovery*, Routledge, 2002

Post, G. Stephen, *Godly Love*, Templeton Foundation Press, 2008

Potter, Vincent G., *Charles S. Pierce: On Norms and Ideals,* Fordham University Press, 2018

Prigogine, Ilya et Stengers, Isabelle, *La nouvelle alliance*, Gallimard, 1986
  — *La fin des certitudes,* Odile Jacob, 2014
  — *Order out of Chaos: Man's New Dialogue With Nature,* Verso, 2018

Quine, Willard Van Orman, *The Pursuit of Truth,* Harvard University Press, 1992

Raine, Alan, *The New Entropy Law and the Economic Process,* ScienceDirect, 2007

Raulet, Gérard, *Herbert Marcuse, philosophie de l'émancipation*, Presses universitaires de France, 1992

Rawls, John, *A Theory of Justice*, Belknap Press, 1999

Reeves, Hubert, *Patience dans l'azur*, Seuil, 1981
  — *Poussières d'étoiles*, Seuil, 1985
  — *L'heure de s'enivrer*, Seuil, 1986
  — *Le futur de la vie terrestre,* Alexandre Stanké (audio), 2005

Reid, Felix, *Unwavering Self-Discipline,* Northern Press, 2020

Reid, Thomas, *Inquiry and Essays,* Lexicos Publishing, 2012

Rhodes, Frank H., *Origins*: *The Search for Our Prehistoric Past,* Comstock Publishing Associates, 2016

Ricoeur, Paul, *Philosophy, Ethics, and Politics,* Polity, 2020

Rivaldi, Philip, *Philosophy: Eastern Versus Western Philosophy Explained,* Efalon Acies, 2020

Rovelli, Carlo, *Seven Brief Lessons on Physics*, Riverhead Books, 2016

Russell, Bertrand, *Histoire de la philosophie occidentale*, Les Belles Lettres, 2012
 — *The Problems of Philosophy*, Simon & Brown, 2018
 — *What I Believe*, Routledge, 2017

Sartre, Jean-Paul, *L'existentialisme est un humanisme*, Folio, 1975

Saussure (de), Ferdinand, *Cours de linguistique générale,* Philaubooks, 2019

Schopenhauer, Arthur, *The Wisdom of Life*, Sine Causa, 2011

Schrodinger, Erwin, *What Is Life?* Cambridge University Press, 2012

Scruton, Roger, *Kant: A Very Short Introduction*, Oxford University Press, 2001

Searle, John, *Mind, Language and Society: Philosophy in the Real World*, Basic Books, 1998

Segall, Matthew David, *Physics of the World-Soul: Alfred North Whitehead's Adventure in Cosmology,* SacraSage Press, 2021

Selbie, Joseph, *The Physics of God*, New Page Books, 2021

Sénèque, *Œuvres complètes,* Arvensa, 2015

Seth, Anil, *Being You: A New Science of Consciousness,* Dutton, 2021

Singer, Peter, *Hegel: A Very Short Introduction*, Oxford University Press, 2001

Sloterdijk, Peter, *Philosophical Temperaments: From Plato to Foucault,* Columbia University Press, 2013

Smith, Adam, *The Wealth of Nations,* 12th Media Services, 2018,

Smith, Huston, *The Big Picture: What the Religions of the World Teach Us About the Nature of Ultimate Reality,* Sounds True, 2015

Solms, Mark, *The Hidden Spring: A Journey to the Source of Consciousness,* W. W. Norton & Company, 2021

Solomon, Robert C., *No Excuses: Existentialism and the Meaning of Life,* The Great Courses (audiobook), 2013

Spinoza, Baruch, *L'éthique*, Gallimard, 1994

Stokes, Philip, *Philosophy: The Great Thinkers*, Arcturus, 2016

Taylor, Charles, *Modern Social Imaginaries*, Duke University Press, 2003

Teilhard de Chardin, Pierre, *La place de l'homme dans la nature,* Albin Michel, 1996

Tekiner, Deniz, *The Degenerate Society*, Kindle, 2018

Thaxton, Charles & Bradley, Walter, *The Mystery of Life's Origin,* Discovery Institute, 2020

Tomley, Sarah & Hobbs, Mitchell, *The Sociology Book*, DK, 2019

Tsarion, Michael, *Schelling: Understanding German Idealism*, Unslaved Media, 2016

Turner, Scott, *Physics of Life 1: Thermodynamics*, Udemy (online courses), 2020

— *Purpose and Desire: What Makes Something "Alive" and Why Modern Darwinism Has Failed to Explain It,* HarperOne, 2017

Van Ness, H.C., *Understanding Thermodynamics,* Dover Publications, 2012

Varela, Francisco J., *Autonomie et connaissance : Essai sur le vivant*, Seuil, 1989

Wallace, David, *Philosophy of Physics*, Oxford, 2021

Wallerstein, Immanuel, *La fin de quelle modernité ?* République des lettres, 2012

Warburton, Nigel, *A Little History of Philosophy,* Yale University Press, 2011

Ward, Peter & Kirschvink, Joe, *A New History of Life*, Bloomsbury Press, 2015

Watts, Alan, *Tao: The Watercourse Way,* Pantheon, 1997
— *The Way of Zen*, Vintage, 1999

Weber, Max, *The Protestant Work Ethic and the Spirit of Capitalism*, Start Publishing LLC, 2013

Weil, Simone, *La pesanteur et la grâce*, Éditions Croisées, 2021

Weinberg, Steven, *The First Three Minutes: A Modern View of the Origin of the Universe*, Blackstone Audio Inc., 2004

Whitehead, Alfred North, *Process and Reality*, McMillan Company, 1929

Wilber, Ken, *A Theory of Everything: An Integral Vision for Business, Politics, Science and Spirituality*, Shambhala, 2001
— *The Marriage of Sense and Soul: Integrating Science and Religion*, Harmony, 1999

Williams, Bernard, *Morality: An Introduction to Ethics*, Cambridge University Press, 2012

Wolff, Richard D., *Understanding Socialism,* Democracy at Work, 2019

Wolfson, Richard, *Einstein's Relativity and the Quantum Revolution,* The Great Courses (audiobook), 2013

1 janvier 2025